Lexikon der GARTENZWERGE

Lexikon der GARTENZWERGE

KOMET

Bildnachweis

Alle Fotos: Jürgen Spiler (Dortmund);
außer: Etta Bengen (Oldenburg): 18, 20, 42, 46, 217, 259;
Thomas Brinkmann (Essen): 6, 11, 12 u., 17, 21, 24, 26, 32, 35, 55, 87, 89, 97, 103, 105, 151, 153, 155, 157, 173, 181, 191, 197, 241, 243, 245, 247, 255;
Clemens Grave (Oldenburg, 1950): 36;
Reinhard Griebel (Gräfenroda): 9, 10, 15, 16, 43, 49, 57, 59, 71, 75, 79, 83, 85, 99, 107, 109, 115, 117, 119, 121, 123, 125, 127, 139, 142, 169, 171, 175, 205, 207, 249, 261, 287;
Firma Heissner (Lauterbach, Hessen): 12 o., 31, 44, 73, 179, 187;
Kind AG (Kotthausen): 40;
Herman Schroedel Verlag, „Die Welt der Zahl", Heft 1, 1. Schuljahr (Köln-Aachen, 1952): 27;
Verlag Galerie Welz, Günther G. Bauer „Salzburger Barockzwerge", (Salzburg 1989): 23

Autorin: Etta Bengen
www.komet-verlag.de
Gesamtherstellung: Komet Verlag GmbH, Köln

ISBN 978-3-89836-608-3

Inhalt

Einleitung

Johann Wolfgang von Goethe lässt 1797 Hermann in dem Versepos „Hermann und Dorothea" von seinem Garten schwärmen:

„So war mein Garten auch in der ganzen Gegend berühmt, und
Jeder Reisende stand und sah durch die roten Staketen
Nach den Bettlern von Stein und nach den farbigen Zwergen."

Goethe beherbergte jedoch noch nicht den Gartenzwerg, wie wir ihn heute kennen, denn der erblickte erst um 1880 das Licht der Welt. Goethe wird ein Unikat eines Zwerges besessen haben, der vermutlich eigens für ihn gefertigt wurde.

Fest steht, dass der Geburtsort der seriellen Fertigung von Gartenzwergen in Thüringen, in dem kleinen Ort Gräfenroda gewesen ist. Um 1900 hießen die Gartenzwerge auch noch nicht Gartenzwerge, sie nannten sich Gnome und die Hersteller derselben Gnömchenmacher. Der Zwerg in den großbürgerlichen Gärten war noch ein Einzelstück und zudem nur für betuchte Schichten erschwinglich. Erst durch die serielle Fertigung konnten sich auch Kleinbürger Gartenfiguren leisten. Der große Auftritt in kleineren Gärten fand allerdings erst nach dem II. Weltkrieg statt, als die wirtschaftlichen Verhältnisse es zuließen, dass sich auch Arbeiter Gartenschmuck leisten konnten.

Dieser Gartenzwerg wurde um 1900 von der Firma Romeiß aus Gräfenroda in Thüringen gefertigt.

Die Kleingärten, auch Schrebergärten, haben sicherlich auch zur Verbreitung des Gartenzwerges beigetragen. Dort ist wahrscheinlich um 1930 auch die Bezeichnung Gartenzwerg für die bisherige Bezeichnung Gnom aufgekommen. Mit dem Wirtschaftswunder verloren die Kleingärten ihre Bedeutung für die Lebenshaltung und entwickelten sich über die Jahrzehnte zum Hort der Gemütlichkeit. Die Gartenzwerge fanden dort ein ruhiges und friedliches Zuhause. Der „Schrebergarten" ist heute wieder sehr beliebt geworden, mehr als vier Millionen Menschen verfügen über eine Million dieser Kleingärten.

1853 wurde die Familienzeitschrift „Die Gartenlaube" erstmalig herausgegeben. Viele Hefte enthielten Abbildungen und auch Geschichten und Gedichte von Zwergen.

Um 1900 erschien das „Gartenlaube – Bilderbuch der deutschen Jugend" mit einem Gedicht von L. von Strauß und Torney: „Waldgeschichten". Hier ein Auszug:

Und an der Schlucht, wo die Quelle springt
und heimlich zwischen den Steinen klingt,
wo die Brombeerranken klettern am Rand
und Wurzeln kriechen an nasser Wand,
da hausen die Zwerge tief im Stein
und irgendwo führt ein Tor hinein!
Und wie ich just da vorüberlief,
war mir's, als ob mich ein Stimmchen rief.
Ich schaute mich um: da hockt es im Moos,

in roter Kappe, zwei Spannen groß,
mit grauem Barte, so alt wie der Berg,
ein richtiger Zwerg!
Aber die Zwerge sind klug und schlau,
und können zaubern – ich weiß genau!
Als ich heranschlich auf den Zehn –
Husch – kein Zwerg mehr im Moos zu sehn!
Steif und stumm nur, und rot wie Blut,
reckte ein Pilz seinen Feuerhut!

Gartenlaube-Bilderbuch. Der deutschen Jugend gewidmet.
Stuttgart, Berlin, Leipzig, o.J. (um 1900)

Originalzeichnung von W. Thielmann.

Die beiden Gnömchenmacher Philipp Griebel und August Heissner

Ende des 19. Jahrhunderts schufen Philipp Griebel und August Heissner den Gartenzwerg. Wer von beiden der eigentliche Vater ist, bleibt bis heute ungeklärt.

August Heissner soll bereits 1872 den Gartenzwerg geschaffen haben. In der Reportage „Gartenzwerge aller Länder, vereinigt Euch" von Christoph Felder, 1994 in der ARD, wird behauptet, dass Philipp Griebel seinen Gartenzwerg 1874 beim Berliner Patentamt registrieren ließ.

Philipp Griebel Abb.: Reinhard Griebel, Gräfenroda

Beide erlernten ihr Handwerk bei Heinrich Dornheim. Dornheim, 1821 in Gräfenroda geboren, war „Thierköpfer", d.h. er zeichnete und modellierte Tierfiguren. Er brachte damit einen völlig neuen Wirtschaftszweig nach Thüringen. Er weitete nicht nur sein Unternehmen aus, er war auch als Lehrer in der Gewerbeschule in Gräfenroda tätig.

Philipp Griebel

Philipp Griebel (1843–1893) erlernte zunächst die Porzellanmalerei bei der Schierholz'schen Porzellanmanufaktur in Plaue und schloss die Lehre als „Porzelliner" ab. Danach begann er eine Lehre

Eine Geschäftskarte der Firma Griebel.

als Tierkopfmodelleur, dem sogenannten „Thierköpfer", bei Dornheim. Er beendete die Lehre und erhielt ein lobendes Abgangszeugnis.

Im Alter von 31 Jahren (1874) gründete Philipp Griebel seine eigene Firma und produzierte Gartenzwerge. 1890 ließ Griebel sich in der Ohrdrufer Straße 1 nieder, wo auch heute noch sein Nachfahre Reinhard Griebel mit der Produktion des Gartenzwerges befasst ist. Philipp Griebel besuchte um 1900 mit seinen wetterfesten Gartenfiguren die Messe in Leipzig. Seine Produkte fanden dort Käufer aus ganz Deutschland. Philipp Griebel verstarb im Alter von 50 Jahren. Sein Sohn führte das Unternehmen weiter. Seine Enkel Erich und Willi wurden aufgrund politischer Verhältnisse an der Fortführung des Familienunternehmens in Gräfenroda gehindert.

Zur Zeit der DDR konnte das Griebel'sche Unternehmen nicht selbstständig arbeiten.

Die beiden Brüder Erich und Willi Griebel trennten sich. Erich Griebel ging nach Rot am See in Baden- Württemberg und produzierte dort bis in die 1960er Jahre Gartenzwerge. Sein Sohn Günter übernahm 1973 die Firma und begann in den 1980er Jahren wieder mit der Produktion von Gartenzwergen. Leider musste Günter Griebel seinen Betrieb 2001 aufgeben.

1935 bei Griebel in der Malstube.

Willi Griebel blieb in Gräfenroda. Seine Firma wurde 1972 mit der Firma Balzer & Bock, ebenfalls einer Terrakottafirma aus Gräfenroda, verstaatlicht. Als VEB Gräfenroda-Keramik wurden Gartenzwerge ausschließlich für den Export hergestellt.

Nach der Wende (1990) konnte Reinhard Griebel, der Sohn von Willi Griebel, den Betrieb, nun in der vierten Generation, eigenständig fortführen. Er modelliert aus Ton nach alten Vorlagen in seiner Gartenzwergmanufaktur. Außerdem richtete er ein Gartenzwergmuseum ein.

August Heissner

1872 gründete August Heissner in Gräfenroda eine Keramik-Manufaktur. Auch er gilt als Vater des Gartenzwerges. Die Firma August Heissner wurde 1909 von Alexander Langenhan übernommen. Langenhan hatte ein glückliches Händchen bei der Vermarktung der Gartenzwerge. Es wurden Zwerge auf der ganzen Welt verkauft. Die Firma Heissner war in London, New York und San Francisco mit Niederlassungen und Vertretungen zu finden.

Nach der Enteignung im April 1945 nahmen August Heissners Nachfolger ihre Geschäftstätigkeit im hessischen Lauterbach wie-

1950 in der Gießerei der Firma Heissner in Lauterbach.

der auf. Sie hatten ihre Formen im thüringischen Gräfenroda zurücklassen müssen; neue Formen mussten entwickelt werden. 1964 begann man auch mit der Fertigung von Zwergen aus Kunststoff, die bruchsicher und bunt bemalt viele Zwergenliebhaber fanden. Eine japanische Firma warb mit dem Hinweis, die Gartenzwerge seien nach dem Vorbild von Heissner Zwergen gefertigt. Doch das nützte ihnen damals wenig, nur die Originale mit „Made in Germany" waren gefragt.

Der Zwergenliebhaber und -kenner Thomas Brinkmann beobachtete die Entwicklung der Firma Heissner genau und schreibt: „Nach der Wiedervereinigung erwirbt die Firma Heissner am 20.02.1991 von der Treuhandanstalt die Gräfenroda-Keramik GmbH und verlegt die keramische Produktion dort hin. Aber schon 1996 wird die Fertigung in Gräfenroda eingestellt und heute werden nur noch PVC Gartenzwerge in Zlin/Tschechien produziert.

Der japanische Zwerg neben seiner Verpackung.

Zur Zeit werden über zweihundert für Heissner individuell entworfene und modellierte Figuren hergestellt. Am 12. Juli 1997 feierte man den 125. Geburtstag des Gartenzwerges mit einem drei Meter hohen Zwergendenkmal, das in China aus einem Granitblock herausgehauen wurde.

Den „tatsächlichen" Ursprung des Zwerges, vielleicht auch des Gartenzwerges, hat Ludwig Bechstein 1853 in „Deutsches Sagenbuch" aufgeschrieben: „Christus der Herr wandelte einmal auf Erden und nahte einem Hause, darinnen eine Frau wohnte, die hatte fünf schöne Kinder und fünf hässliche. Der Hässlichen schämte sie sich vor dem hohen Gast und verschloss sie schnell im Keller. Wie nun der Herr in das Haus kam, sprach er: Frau, lasset Eure Kindlein zu mir kommen. Und da brachte die Frau ihre fünf hübschen Kinder, dass der Herr sie segne. – Und wo sind Eure andern Kinder?, fragte der Herr. Andere Kinder hab' ich keine, log das Weib. So, sagte der Herr, und legte die Hände auf die fünf Kinder, und segnete sie und sprach: Was drunten ist, soll drunten bleiben, was oben ist, soll oben bleiben. – Als der Herr hinweg war, lief die Frau in den Keller, ihre hässlichen Kinder herauszulassen, aber da waren sie verschwunden. Aus ihnen ist das Geschlecht der Unterirdischen entstanden." Erzählt wurde diese Sage in Schleswig-Holstein.

Goethe „bestätigt" diese These in „Die neue Melusine": „Es ist bekannt, sagte sie, dass Gott, sobald er die Welt erschaffen hatte, so dass alles Erdreich trocken war und das Gebirg mächtig und

Illustration zu „Sneewittchen". Verlag A.Molling & Comp., Hannover, o.J. (um 1920)

herrlich dastand, dass Gott, sage ich, sogleich vor allen Dingen die Zwerglein schuf, damit auch vernünftige Wesen wären, welche seine Wunder im Innern der Erde auf Gängen und Klüften anstaunen und verehren könnten."

Produktionstechniken

Der Gartenzwerg aus Ton

Der traditionelle Gartenzwerg wird aus Ton gemacht, gebrannt und bemalt. Es gibt die Einzelanfertigungen und die serielle Herstellung. Zunächst muss ein Modell aus Ton geformt werden. Der Modelleur lässt sich durch Illustrationen und die Natur inspirieren. Von diesem Modell wird ein Gipsabdruck genommen, der für die Serienfertigung unerlässlich ist.

Bei der seriellen Fertigung wurden zwei unterschiedliche Verfahren eingesetzt. Die längst vergessene Form ist das „Knitschen", wie es in Thüringen hieß und praktiziert wurde. Dazu heißt es im Brockhaus von 1931: „Das Formen geschieht noch vielfach von Hand, wobei die keramische Masse in Gipsformen eingedrückt und nach einer gewissen „Einsteifung" aus der Form zum vollkommenen Trocknen herausgenommen wird." Die beiden Hälften werden dann zusammengesetzt.

Die heute noch übliche Form der Zwergenherstellung ist der Hohlguss. Nachdem ein Modell entstanden ist, wird eine Negativ-Form aus Gips hergestellt und dann kann die Zwergenproduktion beginnen. In sogenannten Naßmühlen wird der Schlicker hergestellt, ein Brei aus Ton und Wasser, der ständig in Bewegung gehalten wird, wie wir es auch von Zementwagen kennen. Der Schlicker wird in die Form eingefüllt. Die poröse Gipsform entzieht dem Schlicker das Wasser und die Form bildet sich heraus. Nach stundenlangem Trocknen ist der Rohling fertig. Nun müssen in Handarbeit kleinere Teile „angarniert" werden: Laterne, Pfeife oder sonstige Beigaben. Ist dies geschehen, trocknet der Zwerg an der Luft. Nachdem er mit Schwamm und Pinsel verputzt wurde, geht es in den Ofen zum Brennen. Der durchgetrocknete Rohling wird bei 1000 Grad Celsius zum Schwitzen gebracht. Volle sechs bis sieben Stunden muss der neue Zwerg diese Mammut-Sauna ertragen. Mit viel Glück wird der Gartenzwerg dann von liebevoller Hand mit der roten

Reinhard Griebel in seiner Gartenzwerg-Manufaktur in Gräfenroda.

Zipfelmütze versehen. Da er stets im Garten verweilt, muss er mit einem wetterfesten Schutzlack überzogen worden.

Insgesamt ist die Herstellung sehr arbeitsaufwendig. Der Kcramikzwerg ist also kein billiges Massenprodukt. Das Material ist sehr hart und wetterfest, eben ideal für Gartenzwerge, die zumindest den Sommer im Garten verbringen.

Gefüllter Brennofen bei Griebel in Gräfenroda

Die verwendeten Gipsformen können lediglich für die Herstellung von ca. 50 Zwergen genutzt werden, d. h. vom Modell müssen mehrere Gipsformen genommen werden.

In Gräfenroda existierten Ende des 19. Jahrhunderts 15 Terrakottawerke. Terrakotta heißt nichts anderes als gebrannte Erde. Die Terrakotta erlebte ihre Blütezeit in der antiken Kleinplastik Griechenlands. Es wurden Grabbeigaben, Weihgeschenke, Zierrat und Spielzeug gefertigt, aber auch Frauen- und Kinderfiguren sowie Gestalten und Szenen aus dem Volks- und Schauspielerleben.

Bedeutende Gartenzwerghersteller in Gräfenroda/Thüringen sind:

- Eckardt & Mentz (1864–1945) in der Waldstr. 12

- Hermann Romeiß, Sohn Helmut, danach Schwiegersohn Helmut (1922–1986) in der Bahnhofstr. 82
- Knabe in Geraberg (1987–1991), ab 1992 der Rechtsnachfolger: Firma Gunnar Freitag in Gräfenroda
- Balzer & Bock (1929–1985) in der Waldstr. 76

Neben den Firmen in Thüringen finden wir noch zwei Gartenzwerghersteller in Böhmen: Johann Maresch (1841–1947) in Aussig und Bernhard Bloch (ab 1871) in Eichwald. In einem Musterbuch (um 1900) der Firma Maresch sind über 1000 verschiedene Artikel, davon 10% Gartenfiguren, aufgeführt.

Katalogseite der Firma Maresch, um 1900

Die Modelle der Firma Maresch und der Firma Bloch sind durch Pressmarken und Artikelnummern gekennzeichnet.

Der Zwerg aus Porzellan

Der Porzellanzwerg ist eigentlich kein Gartenzwerg, da er in der guten Stube steht. Sein äußeres Erscheinungsbild ist jedoch mit dem des Gartenzwerges zu vergleichen. Die Firma Dornheim in Gräfenroda stellte sowohl Ton- als auch Porzellanwaren her. Von daher ist anzunehmen, dass der Modelleur vielleicht für beide Bereiche Modelle herstellte.

Für die Herstellung von Porzellan werden drei Dinge benötigt: Kaolin, Quarz und Feldspat.

Zwerg aus Biskuitporzellan Thüringen um 1900

Erläuterung zur nebenstehenden Grafik:

Das Kaolin (1) wird mit Wasser im Schlämmquirl (4) und in Schlämmrinnen geschlämmt und in Klärbehälter (5) geleitet, in denen sich das gelöste und gereinigte Kaolin absetzt. Quarz (2) und Feldspat (3) werden im Kollergang (6) bis zu Korngröße zerkleinert und in der mit Flintsteinen gefüllten Trommelmühle (7) bis zur Mehlfeinheit gemahlen. Quarz und Feldspat aus der Trommelmühle (7) werden im Massequirl (8) mit dem gereinigten Kaolin aus dem Klärbehälter (5) gründlich durchmischt und die Mischung in der Filterpresse (9) von dem anhaftenden Wasser befreit; die in Plattenform erhaltene Rohmasse kommt nun zur Lagerung in den Massekeller (10). Vor der Verarbeitung wird die Masse auf der Masseschlagmaschine (11) durchgeknetet; hierauf erfolgt das Formen (12). Die geformten Gegenstände werden auf Regalen (13) getrocknet, in einem

Ofen (14) verglüht und dann dekoriert (15). Die Gegenstände werden in eine Glasurmasse (16) getaucht, in Kapseln passender Größe eingeschlossen und im Porzelllanofen (17) gebrannt, aus dem dann der fertige Gegenstand (18) entnommen wird.

Eine besondere Form des Porzellans ist der Biskuitporzellan. Er ist ein Weichporzellan mit hohem Feldspat- und niedrigem Quarzgehalt. Der gebrannte Gegenstand wird nicht glasiert und besitzt daher eine matte, sich rauh anfühlende Oberfläche.

Porzellanherstellung
Der große Brockhaus, Leipzig 1933.

Der Zwerg aus Kunststoff

Der Gartenzwerg aus PVC (Polyvinylchlorid), einem thermoplastischen Werkstoff, ist unzerbrechlich und witterungsbeständiger als ein Tonzwerg. Der Kunststoffzwerg wird im Rotationsgießverfahren hergestellt. Nachdem eine verschließbare Kupferform hergestellt wurde, wird die Paste mit einer Dosierpistole hineingegeben. Durch Rotation der Formen und einer Erwärmung von unter 300 Grad Celsius verteilt sich die Paste an den Innenwänden der Form gleichmäßig. Die Form wird ausgeliert. Der fertige Zwerg wird mit einer Zange aus der Form gezogen und sofort mit Pressluft aufgeblasen.

Bei diesem Verfahren können Artikel beliebiger räumlicher Geometrie in einem einzigen Arbeitsgang schnell und kostengünstig hergestellt werden.

1960 wurde bei der Firma Zetmann & Hofmann der erste seriell gefertigte Kunststoffgartenzwerg hergestellt. Die Firma wurde 1962 in ZEHO Kunststoffverarbeitung umbenannt. Die Firma, mit über 400 Modellen, ist heute einer der größten Hersteller von Kunststoffgartenzwergen. Die Modelle sind nach eigenen Entwürfen entstanden.

Katalogseite der Firma ZEHO, 1967

Die zur Produktion benötigten Formen werden im eigenen Formenbau hergestellt. Die fertigen Zwerge werden mit giftfreien Farben gemäß europäischer Spielzeugnorm EN71/3 handbemalt. In mehr als 20 Länder – darunter viele europäische sowie die USA und Japan – werden die Gartenzwerge von ZEHO geliefert. Die Firma weist ausdrücklich daraufhin, dass ihre Produkte – die Gartenzwerge – handbemalt werden und nicht in Billiglohnländern produziert werden. Alle Zwerge werden in Österreich hergestellt.

Große PVC-Gartenzwerge der Firma ZEHO

Bei Coburg, in Neustadt-Ketschebach produziert die Firma Liebermann seit 1964 Kunststoffgartenzwerge. Diese Firma geht auf einen kleinen Betrieb in Sonneberg zurück, der bereits 1918 von Max Denner gegründet wurde. Max Denner stellte zunächst Pappmachéfiguren her. Die Bossierarbeiten des Firmengründers Max Denner sind in gewandelter, moderner Form noch heute für das Unternehmen wichtig. Die Palette der Herstellung umfasst 85 Jahre nach Firmengründung 270 Figuren.

Zwerge und Gnome in fürstlichen Gärten

Im 17. und 18. Jahrhundert waren Zwerge groß in Mode. Anfang des 17. Jahrhundert schuf Jacques Callot originelle Zwergenkarikaturen, die Serie „Varie Figure Gobbi" (Zwergengestalten). Diese Karikaturen standen Pate für die Marmorgnome des ältesten Zwergengartens Europas, dem Mirabelgarten in Salzburg.

Sehr wahrscheinlich wurden sie im Winter 1690/91 nach den Ideen bzw. den Modellen Fischer von Erlachs geschaffen. Günther G. Bauer befasst sich in seinem Buch: „Salzburger Barockzwerge" intensiv mit dem Garten und den einzelnen Figuren.

Auf fast allen europäischen Fürstenhöfen wurden in der Barockzeit bedauernswerte, verwachsene Menschen zur Belustigung gehalten, die jedoch – ob ihrer Treue und Loyalität – hoch geschätzt und gut behandelt wurden. Diesem Vorbild entsprechend wurden auch die aus Untersberger Marmor hergestellten Zwerge im Mirabellgarten gestaltet.

Alle 24 Figuren werden von G. G. Bauer genau beschrieben. „Der Zwerg mit dem Spaten" könnte als Vorbild eines Gartenzwerges gedient haben. Er besteht aus Untersberger Forellenmarmor und ist 128 cm hoch. Er steht für den Monat März, dem Zeitpunkt des Umstechens, des Bäume pflanzen und der Beetvorbereitung. Der Zwerg mit dem Spaten kehrte erst 1979 in den Mirabelgarten zurück.

Kronprinz Ludwig von Bayern ließ aus Sorge um seine Frau und sein noch ungeborenes Kind die mit Kröpfen und Buckeln verunstalteten Kreaturen aus dem Zwerglgarten entfernen. Eigentlich sollten sie zerstört werden, doch durch einen glücklichen Umstand wurden sie versteigert. Der Salzburger Verschönerungsverein holte die Zwerge 1921 nach Salzburg zurück. Jedoch konnten nicht alle wiedergefunden werden. So wurde auch der Zwerg mit dem Spaten erst später auf Schloß Gopelsbach oberhalb von Stadl an der Mur gefunden.

Der Zwerg scheint sich einen Moment auf seinem Spaten auszuruhen. Es handelt sich offenbar um einen älteren Gärtner, der einen gequälten bzw. vorwurfsvollen Blick auf die noch zu erledigende Arbeit richtet. Auf der rechten Seite der Stirn hat er eine mächtige Beule.

Der Zwerg mit dem Spaten.

Er sieht sehr realistisch aus, so als wäre er nach dem realen Gärtner des Salzburger Hofes geschaffen worden.

Sein zerfurchtes Gesicht und sein ausgeprägter Bart ist sehr ausdrucksstark. Sehen wir uns die ersten Gartenzwerge aus Gräfenroda an, so können wir durchaus eine gewisse Ähnlichkeit erkennen.

Auch in Deutschland finden wir ähnlich barocke Gärten.

Eine Zwergengalerie mit Hofangehörigen, die auf Zwergengröße geschrumpft sind, ist im Schlossgarten Weikersheim anzutreffen: Hofjägermeister, Hofnarr, Hirtin, Küchen-, Kellermeister, Hofgärtnerin, Faulpelz, Haushofmeisterin, Trommler, Wachtmeister, Hofdame, Hofrat, Kammerzofe, Kammerkassier, Hofköchin, Hofjude „Lämmle Seeligmann" und der Braumeister. Dort sind die Gartenskulpturen noch fast vollständig erhalten. Sie wurden überwiegend von Johann Jakob Sommer (1645–1715) und seinen Söhnen Georg Christoph (1677–1743) und Philipp Jakob (1686–1751) unter Graf Carl Ludwig von Hohenlohe in den Jahren nach 1700 geschaffen. Alle Figuren sind aus gelbem bzw. gelb-grünem Sandstein. Das Material stammt aus Steinbrüchen der näheren Umgebung.

Der Beseelte und unbeseelte Zwerg

Der Zwergenfachmann oder auch Nanologe unterscheidet zwischen beseelten und unbeseelten Zwergen. Der beseelte Zwerg ist aus Keramik, Ton oder Gips und darf 68 Zentimeter nicht überschreiten. Der unbeseelte besteht zumeist aus Kunststoff.

Beseelte Gartenzwerge; Katalogseite der Firma Griebel, Gräfenroda, um 1900

„Kein Messer im Bauch, kopulierend, sonstwie unartig, oder womöglich gar als weiblicher Gartenzwerg dargestellt.“ So sieht es jedenfalls der bekannte Basler Nanologe Prof. Fritz Friedmann, Begründer und Mitglied der „Vereinigung zum Schutz der Gartenzwerge“. Diese Vereinigung wurde 1983 in Basel gegründet.

Mit Nanologie ist die Gartenzwergforschung gemeint. Vom lateinischen nanus = Zwerg abgeleitet. Der selbsternannte Professor der Nanologie Fritz Friedmann kümmert sich nicht nur um den Nanus hortorum vulgaris (den gemeinen Gartenzwerg), der ihm nur als beseelter Zwerg wichtig ist, der non animatus (der unbeseelte, aus Plastik bestehende Zwerg) wird von ihm eher abgelehnt, auch der Nanus viridarii, der Lustgartenzwerg und der Nanus pomarii, der Obstgartenzwerg sind seine Beschäftigungsfelder. Seltener trifft man den Nanus venenus, den Giftzwerg oder den Nanus luxuosus, den Luxusgartenzwerg.

Der Sagen- und Märchenzwerg

Die Leiterin des Deutschen Märchenmuseums, Dr. Hanna Dose in Bad Oeynhausen hat sich intensiv mit der Geschichte der Sagen und Märchen beschäftigt. Sie kommt zu dem Ergebnis: „Sagen erklären das, was auf den ersten Blick unerklärlich erscheint.“ Je nach Kenntnisstand werden besondere Phänomene in sagenhafter Form verarbeitet. Zwerge spielen in den Sagen eine große Rolle, da sie dem Erscheinungsbild der Menschen sehr nahe kommen und somit als Projektion der menschlichen

Stärken und Schwächen geeignet erscheinen. Der Zwerg ist auch ein Synonym für die Wesen, die unter der Erde leben oder im Bergwerk arbeiten.

In Gegenden mit leichten Anhöhen oder Bergen finden sich unzählige Zwergensagen. An der Universität Innsbruck werden diese Sagen zusammengetragen und auf der Internetseite www.sagen.at vorgestellt.

Als Vorbild nahmen sich die Gnömchenmacher bzw. die Gartenzwergproduzenten u.a. diese überlieferten Sagen, in denen Tiere und auch Zwerge eine große Rolle spielten.

Aus einer Sage in Thüringen, die bereits 1853 von Ludwig Bechstein aufgeschrieben wurde:

Werbeblatt der Firma Griebel, Rot am See, um 1960

„Ein anderer Hirte, aus Sittendorf, stand droben an dem Kaiser-Friedrich-Turm, voll Kummer, denn er hatte ein Liebchen, das er nicht heiraten konnte, weil er zu arm war. Da sah er eine schöne blaue Blume im Winde nicken, die pflückte er und steckte sie auf seinen Hut. Da schaute aus des Turmes Mauerspalte ein Gezwerg, das winkte dem Hirten, und er kroch ihm nach. Drunten sah er viele schöne Steine, von denen hob er welche auf, und überm Bücken entfiel ihm die Blume. Im

Zwielichtdämmer sah er in der Tiefe der Bergeshöhle den Kaiser Friedrich sitzen, aber es grausete ihn, und er wandte sich zurück. ‚Vergiß das Beste nicht!', rief der Zwerg ihm zu, doch der Hirte enteilte. Droben stand er wieder, außen am Turme, und wieder rief der Zwerg aus dem Gemäuer: ‚Wo hast du die Blume?' – Der Hirte nahm den Hut ab und sah, dass die Blume fehlte. ‚Ach – verloren!', sprach der Hirte. – ‚O du großer Tor!', rief der Zwerg, ‚mehr als der Kyffhäuser und die Rothenburg war die Blume wert!', und verschwand. Am Abend kam zu seinem Mädchen der Hirte und erzählte ihm, was ihm begegnet – an die Steine dachte er – er zog sie aus der Tasche, und o Freude! sie waren klingendes Gold."

Als eine der bekanntesten Sagen ist die Geschichte „Die Heinzelmännchen zu Köln" zu nennen. Hier wird dem Leser menschliches Fehlverhalten vor Augen geführt, ein sehr häufiges Moment in der Sagenwelt.

Der Zwerg ist so klug, dass er sogar als Lehrer tätig sein kann.

Beim Märchen ist der Ort und die genaue Zeit nicht zuzuordnen. Im Gegensatz zur Sage findet das Märchen stets ein positives Ende. „Und wenn sie nicht gestorben sind, leben sie alle heute noch als glückliche Menschen" heißt es z. B. im Schlusssatz bei Dornröschen. Das Märchen unterscheidet ganz klar und deutlich zwischen Gut und Böse.

In den Märchen der Gebrüder Grimm, von Ludwig Bechstein, von Wilhelm Hauff und anderen Märchenerzählern spielten Zwerge immer eine große Rolle. Das bekannteste Märchen ist sicherlich „Schnettwittchen und die sieben Zwerge". Die Illustrationen zu diesem Märchen zeigen kleine alte Männer mit langem Bart und in Bergwerkskleidung. Sie haben sicherlich auch „Modell" gestanden, als die Gnömchenmacher den Gartenzwerg kreierten.

Das bekannte Märchen „Zwerg Nase" von Wilhelm Hauff zeigt im Gegensatz zu den Grimm'schen Märchen einen verzauberten Jungen, der sehr gut aussehend zu einem häßlichen, aber nicht bösartigem Gnom wird. Typische Zwergeneigenschaften sind auch ihm vertraut, so kennt er sich meisterlich mit Kräutern aus, mit denen er hervorragende Gerichte zubereitet.

„Zwerg Nase" Illustration von Adolf Propp in: Wilhelm Hauff: Märchen. Leipzig 1827

Der Zwerg in der Literatur

1999 erhält Günter Grass den Nobelpreis für seinen 1972 verfassten Roman „Die Blechtrommel". Die Hauptfigur, Oskar Matzerath, beschreibt Anfang der fünfziger Jahre sein Leben und das seiner Familie im Danzig der Weimarer Republik, der Zeit des Nationalsozialismus bis in das Nachkriegsdeutschland hinein. Oskar Matzerath, Jahrgang 1924 ist ein buckliger Zwerg, eine Kunst-Mischung aus Däumling, Zwerg Nase, Kobold, Gnom und Don Quijote. Er ist ein Wissender und ein Narr, der alles sieht und hört, bereits als Baby ist seine geistige Entwicklung abgeschlossen. Als Dreijähriger stürzt er sich die Treppe hinab, um so klein zu bleiben wie er ist, ganze 94 cm. Kurz nach Kriegsende beschließt er, wieder zu wachsen. Er erreicht schließlich eine Größe von 121 cm. Er bringt mit seiner Stimme Glas zum Bersten und liebt heiß und innig seine Blechtrommel.

Grass zeichnet in diesem Roman ein Bild des Kleinbürgertums mit allen Facetten des zeitgenössischen Lebens.

1978 verfilmte Volker Schlöndorff die Blechtrommel mit David Bennet als Oskar Matzerath in der Hauptrolle.

Garantiert nicht nobelpreisverdächtig, aber durchaus lesenswert, ist das 2004 erschienene Erstlingswerk von Alfried Zingerle: „Der gestohlene Gartenzwerg". Zingerle hat Berufserfahrung als Handelsvertreter und Gastwirt. Zwei Berufe, die ihn mit Menschen aus den unterschiedlichsten Bereichen zusammenbringen und ihn sicherlich inspiriert haben, einen nicht ganz ernsthaften Krimi zu verfassen, der auf einer wahren Begebenheit beruht. 2002 werden im Südtiroler

Städtchen Bruneck zwei Gartenzwerge entführt, die dann wie ein Spuk an verschiedenen Orten in Erscheinung getreten sind.

In Zingerles Geschichte wird der Gartenzwerg „Bodo" im Kaufhaus gekauft. Er wird gestohlen. Als die Polizei keinen Hinweis auf seinen Verbleib finden kann, wird die Befreiungsfront der Gartenzwerge eingeschaltet. Bodo wird wiedergefunden, erhängt an einem Galgen. Wie die Geschichte zu Ende geht, soll hier nicht näher aufgeführt werden.

Interessanterweise greift der Autor die Befreiungsfront der Gartenzwerge auf. Eine Organisation, die die Ausbeutung der Gartenzwerge durch diabolische Kleingärtner verhindern möchte. Gartenzwerge würden in Vorgärten interniert, heißt es in den Bekenntnissen der „Befreier" und das gelte es zu verhindern. In Frankreich und Belgien sind ebenfalls Gartenzwergbefreier gesichtet worden.

„Wichtig: Rettet den Gartenzwerg" heißt es am 25. Juni 2003 in „Die Quelle", der Zeitung für die Fachschaft Geschichte der Universität Potsdam. Tobias Kunow befürchtet in seinem Artikel, dass der befreite Gartenzwerg einsam und allein im Wald stirbt und fordert somit: „Stellt den Zwerg vom Berg mit den Spaten in den Garten."

Der Gartenzwerg als Gärtner

Der Gartenzwerg ist natürlich in erster Linie im Garten anzutreffen. So sind auch die ersten Figuren mit den gartentypischen Utensilien ausgestattet. Spaten, Harke, Schubkarre, Blumengießkanne und anderen Dingen des Gärtnerlebens.

Der Gärtner ist bei Umfragen in den Jahren 1956, 1959 und 1961 mit 35 Prozent in der Beliebtheitsskala führend. Als das Allensbacher Meinungsforschungsinstitut 1972, 1983 und 1988 nochmals nachfragte, war sein Beliebtheitsgrad gefallen, doch er blieb weiterhin das Modell mit der höchsten Akzeptanz.

Um 1900 wurden diese beiden Gartenzwerge von der Firma Heissner produziert.

Der Zwerg als Bergmann

Der Zwerg mit der Grubenlampe ist eine bekannte Erscheinung.

„Derweil wurde es Nacht, und da kamen die Häuschenherren, sieben kleine Bergmännerchen, jedes mit einem brennenden Grubenlichtlein vorn am Gürtel …“

Doch nicht nur bei Schneewittchen, auch in sehr vielen Sagen tauchen die kleinwüchsigen Bergleute auf.

Der erste Bergwerkswissenschaftler, Georg Agricola (1494–1555) beschreibt in seinem Buch „Von den Lebewesen unter der Erde (De animantibus subterraneis)“ von 1549 die Zwerge: „Des weiteren gibt es ungefährliche Geister, die manche Deutsche, wie auch die Griechen, Kobolde nennen, weil sie den Menschen nachmachen. Denn sie kichern, als ob sie sich vor Freude nicht lassen könnten, und es sieht so aus, als ob sie vieles täten, obwohl sie rein gar nichts tun. Andere nennen sie „Bergmännlein" wegen der Statur, die sie meist haben: sie sind nämlich Zwerge von drei Spannen Länge. Sie sehen aber wie Greise aus und sind nach Art der Bergleute gekleidet, d.h. mit einem Kittel, der durch einen Gürtel gerafft ist, und mit einem Leder, das um die Schenkel herabhängt." Er bezeichnet sie als gutmütig, nur wenn sie gehänselt werden, treiben sie ihren Schabernack mit den Bergleuten. Sie arbeiten in still gelegten Stollen oder in noch nicht erschlossenen Höhlen und wurden dadurch als Hoffnungsträger für neue Vorkommen angesehen. Da die Arbeit im Bergwerk von Männern verrichtet wurde, beschrieb man auch die Bergmännlein als greise Männer mit langen Bärten.

Bergmannszwerge in der Sammlung von Thomas Brinkmann

Zwerge leben in Gruppen. Sie versorgen sich selber, lassen sich jedoch auch gerne von Menschen helfen, wie die 1927 von Paul Zaunert in „Westfälische Sagen" aufgeschreibene Sage erzählt:

Die Zwergenkuh

Etwa eine halbe Stunde von dem Dorfe Goldbeck, in der Richtung nach Rinteln zu, befinden sich Höhlen an einem Berge; in denen haben ehemals Zwerge gewohnt. Nun lag in der Nähe der Hof eines Bauern, dessen Herde gewöhnlich in der Nähe der Höhlen weidete, und da sah der Hirt, wie alle Morgen eine fremde Kuh unter seine Tiere kam, die war so glatt und schön, dass sie wie Gold glitzerte und glänzte; abends aber, wenn er heimtrieb, war sie bei den Höhlen plötzlich verschwunden.

Das erzählte er einmal abends seinem Herrn und der sagte: „Dafür könnten sie dir wohl ein Trinkgeld geben, dass du ihnen täglich ihre Kuh mit auf die Weide treibst." Das hörten die Zwerge, die hielten sich unsichtbar gern in der Stube des Bauern auf. Und am andern Morgen, als der Hirt mit seiner Herde wieder bei den Zwerglöchern vorübertrieb, fand er vor einer der Höhlen einen Groschen, und so ging's nun fort einen Tag wie alle Tage. Als das der Bauer wieder hörte, sagte er: „Können sie das, so können sie dir auch wohl ein Frühstück geben", und am andern Morgen, als der Hirt wieder an der Höhle vorüberkommt, liegt neben dem Groschen ein Pfannkuchen und solchen fand er nun ebenfalls täglich dort.

1996 schuf das Zwergenkaufhaus (Jutta und Günter Griebel) für die Landesgartenschau in Lünen, Nordrhein-Westfalen, „Ewald Zappenduster", den Bergmann als Maskottchen für die Gartenschau. „Ewald

Zappenduster" steht für die Kleingärten im Ruhrgebiet und ist in bester Ruhrpotttradition mit Bergmannskleidung und Helm, sowie einer Grubenlampe versehen. Mit ihm waren noch 1500 weitere Zwerge während der Landesgartenschau 1996 in Lünen zu sehen.

Der Gartenzwerg als Musiker

In den Sagen Vorarlbergs findet sich die Sage von den Bergmännle:

> **Die Bergmännle vom Heuberg**
> *Von den Bergmännle scheint seiner Zeit auch im Kleinen Walsertal viel die Rede gewesen zu sein. Sie kamen ehedem zur Fasnacht, wo niemand lustiger war als sie, mit ihren ansehnlichen Weibern vom Heuberg herunter ins öffentliche Tanzhaus, tummelten sich bis Sonnenuntergang wacker herum und zogen abends mit Trommel und Pfeifen wieder auf den Günstelberg, wo sie jählings unsichtbar wurden. Sie waren Heiden, hatten ihre Wohnung in Höhlen und lebten von Wurzeln. Alt wurden sie, wie viele andere Einwohner, weit über hundert Jahre.*

Die Firma Heissner stellte in den 1930er Jahren eine ganze Musikkapelle zusammen. Nach dem II. Weltkrieg wurde diese Gruppe nochmals von Heissner entwickelt. Die alten Formen waren nicht mehr vorhanden, von daher sehen die Nachkriegszwerge ein klein wenig anders aus. Aber auch zechende Zwerge waren stets beliebt. Sie halten ein Weinglas hoch, als wollten sie ihrem Besitzer zuprosten.

1962 textete Hans Bradtke den Gartenzwerg-Marsch „Adelheid" und Christian Bruhn, bekannt durch das Lied „Marmor, Stein und Eisen bricht" (gesungen von Drafi Deutscher) komponierte die Musik.

Musikkapelle der Firma Heissner von 1960

Adelheid, Adelheid schenk
mir einen Gartenzwerg,
mit ´ner Zipfelmütze.
Adelheid, Adelheid, einen kleinen Gartenzwerg,
und ´ner Gartenspritze.
Adelheid, Adelheid, bitte tu ein gutes Werk,
und schenk mir für mein Rosenbeet
einen kleinen Gartenzwerg.
Und schenk mir für mein Rosenbeet
einen kleinen Gartenzwerg.

Das Lied ist ein echter Partyknüller und wird immer noch gern gesungen.

Der Gartenzwerg als Genießer

Der Soziologie Professer Hans Werner Prahl von der Universität Kiel beschäftigte sich von 1975 bis 1989 mit der Geschichte des Gartenzwerges. In erster Linie ging er der Entstehungsgeschichte nach, aber er stellte auch eine Typologisierung der Gartenzwerge auf. Die drei Grundtypen: Arbeitszwerg, Freizeit-Heini und Kulturzwerg

Der von Prahl titulierte „Freizeit-Heini" ist eher als Genießer zu bezeichnen. Mit fröhlichem Gesichtsausdruck geht er gepflegt dem Nichtstun nach. Eine durchaus übliche Freizeit-„tätigkeit" während des Wochenendes im eigenen Garten. Man genießt das gute Wetter und freut sich am Wochenende. Endlich findet sich die Zeit, gemütlich am Teich zu sitzen und dem Angelsport zu frönen oder gemächlich schmauchend an der Pfeife zu ziehen und einfach den Blick in die Natur zu genießen.

Wunderschöne Zwergengemälde mit friedlich genießenden Zwergen schuf Dr. Paul Lothar Müller. Über das Leben von Paul Lothar Müller ist leider wenig bekannt. Er wurde am 09.04.1869 in Berlin geboren und verstarb am 17.03.1956 in Venedig. Von 1886 bis 1889 war er Schüler an der Berliner Akademie der Künste.

Sein eigener unverkennbarer Stil ist wieder zu finden in seinen Zwergenbildern. Um 1920 wurden seine Zwergenmotive

„Fleißige Zwerge in der Schusterwerkstatt"
Abreißkalender von der Firma Clemens Grave, Oldenburg, 1950

als Postkarten gedruckt. Die Motive sind auch wieder zu finden im illustriertem Kinderbuch „Zwölf Zwerge und ihr König". Die Porzellan-Manufaktur Thomas Bavaria verwendete diese Zwergenmotive für Teller.

Die Firma Heissner schuf in den 1920er Jahren den Froschdoktor nach einer Zeichnung von Paul Lothar Müller.

Der Gartenzwerg als Kulturzwerg

Der Kulturzwerg gehört zu den Grundtypen von Prof. Prahl. Dieser Zwerg erfreute sich nach Erkenntnissen des Allensbacher Marktforschungsinstituts erst nach 1988 besonderer Aufmerksamkeit. Zuvor waren die fleißigen, die arbeitenden Zwerge beliebter.

Der Kulturzwerg weist sich als Gelehrter, als Intellektueller aus. So formte die Firma Hertwig, die 1903 von Otto Hertwig in Dörnfeld a. d. Heide gegründet wurde, bereits 1920 einen Gartenzwerg mit Regenschirm und Botanisiertrommel, der 1990 neu ins Programm aufgenommen wurde. Auch der lesende Gartenzwerg ist bei allen Herstellern zu finden.

Der Gartenzwerg als Politiker

Sehr beliebt bei der Presse sind die Politikerzwerge. Im eigenen Garten oder im Schrebergarten sind sie weniger zu finden. Im Grünen will man beschaulich zusammensitzen und vor allem die Ruhe und die Idylle genießen.

Dennoch finden sich aus allen Parteien Politiker als Zwerge wieder. Die sogenannte Bonner Rasselbande, die 1987 von dem Hannoveraner Joachim Iwert entworfen ist, hat Johannes Rau, Helmuth Kohl, Franz-Josef Strauß und Dietrich Genscher als Mitglieder. Ende der 1980er Jahre entwarf Jutta Griebel für das Zwergenkaufhaus in Rot am See die Politzwerge Waigel, Kohl, Möllemann und Engholm.

Andreas Klein von der Firma 100% Zwergen-Power wird seit der Amtseinführung von Angela Merkel als Bundeskanzlerin, gedrängt, auch Frau Merkel als Zwergin zu gestalten. Ob diese Figur kommt, ist im Moment noch nicht abschließend geklärt.

Politikerzwerge haben ein schnelles Verfallsdatum, sind die Politiker nicht mehr im Amt, so sind sie auch als Zwerg nicht mehr

Das Lager der Firma 100% Zwergen-POWER, 2006

gefragt. Klaus Kinkel als Gartenzwerg z. B. ist mittlerweile zum Ladenhüter mutiert.

Der Gartenzwerg in der Werbung

Im Deutschen Gartenzwergmuseum in Rot am See wurde 1992 eine Sonderausstellung mit dem Titel „Typisch deutsch. Werbezwerge – Werberiesen" eröffnet. Das Gartenzwergmuseum wurde am 3. Oktober 1991 von Jutta und Günter Griebel eröffnet. Während seines siebenjährigen Bestehens zeigte das Museum die gesamte Bandbreite der Gartenzwerge und war Veranstalter vieler Aktionen, wie z.B. der Zwergomenta '93, an der sich über 250 Teilnehmer, aus 33 verschiedenen Ländern, an einer Mail-Art-Aktion beteiligt haben. Leider musste das Museum am 31. Oktober 1998 schließen.

Der Gartenzwergsammler Thomas Brinkmann aus Essen-Kettwig fand heraus, dass vermutlich die älteste Abbildung von Terrakotta Gartenzwergen eine Werbeanzeige in „Deutsche Illustrierte Zeitung" vom 5. Juni 1886 war. Drei Zwerge der Kunstgewerblichen Anstalt „Etruria" aus Neuwedell bei Frankfurt/Oder (heute Polen) wurden angeboten. Aus wetterfestem Material und bunt bemalt brachten sie es auf eine Größe von: der Stehende 90 cm hoch, der Liegende 100 cm lang und der Sitzende 75 cm hoch. Zusammen sollten sie 90 Mark kosten. Ein stolzer Preis, bedenkt man das 1886 ein Pferdeknecht etwa 50 Mark Lohn erhielt – nicht je Woche, oder Monat, – nein, das war sein Lohn für ein ganzes Jahr. Dazu kam dann noch Kost und Logis. Somit wird deutlich, dass diese Keramikwaren nur dem gehobenen Bürgertum vorbehalten waren.

Die Firma Etruria wurde 1866 gegründet und stellte „Schmuck für Garten und Park“ her. In späteren Anzeigen von 1893 werden 16 und von 1896 26 verschiedene Zwergenmodelle angeboten. Ab 1897 erscheinen die lebensgroßen Märchenfiguren. Außer Gartenfiguren stellte die Firma noch Schaufensterfiguren, Nistkästen, Lehrmittel Anschauungsmodelle und Friedhofsschmuck her.

Mit Einführung der Markenartikelwerbung im 19. Jahrhundert wurde erstmalig Werbung für Produkte notwendig. Die Firma Otto Kind aus Kotthausen im Rheinland bietet in ihrem ersten Katalog, 1926, Zwerge zur Unterstützung der Schaufenstergestaltung bei Kolonialwarenläden an. Die Schaufensterfiguren sind „aus hartgebrannter Terrakotta, fein mit Oelfarben gemalt“. Die Gnomen Nr. 30 und 31 auf der Seite 156 im Katalog werden „mit einer Tragbahre von Holz geliefert, auf die Waren geschmackvoll arrangiert werden. Die Gnomen sind 45 cm hoch und werden nur auf Wunsch mit Oeffnungen

Katalogseite der Firma Kind-AG aus Kotthausen, Rheinland von 1926, Modelle der Firma Etruria

für Zigarren geliefert. Die Tragbahre ist 85 cm lang und 20 cm breit. Die komplette Gruppe kostet 21,60 RM."

Beliebt war bei den Metzgern bzw. Schlachtern ein Zwerg mit einem Schwein für die Schaufensterdekoration. Etliche Hersteller boten diese Variante an. Auch die Firma Heissner schrieb am 25. November 1928 Läden in München mit folgendem Text an:

„Sie können ohne besondere Anstrengungen Geld machen, wenn Sie Ihren Kunden einen Artikel mit anbieten, den er braucht, weil es die Zeit von ihm verlangt.

Bis jetzt haben Sie mit uns noch nicht gearbeitet; das ist schade! Nicht zuletzt für Sie. Lassen Sie uns deshalb jetzt mithelfen, Ihre Umsätze – Ihren Gewinn – zu erhöhen.

Bitte, hier haben Sie unsere diesjährige Weihnachts-Liste, in der die gangbarste Schaufenster-Reklame für das Fleischer-Gewerbe zusammen gestellt ist."

Auch in unserer Zeit treten die Zwerge als Werbefiguren auf, z. B. als Werbezugaben, wie etwa die Figuren im Überraschungs-Ei der Firma Ferrero, die mehrere Reihen u.a. die Blumentopfzwerge herausbrachte. Diese Hartplastikfiguren erfreuen sich großer Beliebtheit und sind als Sammelobjekte sehr begehrt. Aber auch diese Form der Werbung ist nicht neu, so wurden in der Nachkriegszeit bis Ende der 1950er Jahre Margarinefiguren als Werbebeigaben angeboten. Die Margarinefiguren stellten Spielzeugersatz dar. Auch die Zwerge sind darunter zu finden.

Sehr bekannt sind auch die Figuren der Firma Salamander. Obwohl Salamander erst ab 1940 Kinderschuhe anbot, hatte die

Margarine-Figuren aus den 1950er Jahren, WHW Figur (Winterhilfe-dienst) Schneewittchen.

Firma von 1932 bis 1939 die ersten Lurchi-Hefte herausgegeben. Die Geschichten mit Lurchi sollten die Kleinen wahrscheinlich beschäftigen, während die Mutter neue Schuhe anprobierte.

Nach dem II. Weltkrieg legte Salamander 1946 eine Neuauflage der Hefte auf. Lurchi bestand seine Abenteuer nicht alleine, ihm an der Seite standen seine Freunde, u.a. Pippin der Zwerg. Die Figuren wurden aus Hartplastik hergestellt und der Zeichner hieß Heinz Schubel.

Der schwarze Gartenzwerg mit der goldenen Nase, 1976 von Professor Rido Busse erfunden, wird Nachahmern von Markenartikel verliehen. Nicht nur chinesische Firmen, auch deutsche Unternehmen scheuen sich nicht das Patentrecht zu umgehen und identische Artikel anderer Hersteller zu produzieren. Der schwarze Gartenzwerg mit der goldenen Nase soll medienwirksam auf dieses Problem aufmerksam machen. 2006 wurde der Gartenzwerg als Negativpreis an zwölf Hersteller und Händler verliehen, weil sie am Markt etablierte Produkte 1:1 abgekupfert und kopiert hatten.

Der Gartenzwerg in neuem Design

In den 1980er Jahren entstanden ganz neue Ausformungen des Gartenzwerges. Die Designerin Jutta Griebel schuf mit ihrem Mann Günter Griebel in Anlehnung an Gerichtsurteile, die das Aufstellen von Zwergen in Gemeinschaftswohnanlagen verboten, das Modell „Nachbars Opfer". Weitere Modelle für die Serie „Typisch deutsch" folgten: Thüringer Tarzan, das Schwulenpärchen Detlef & Martin, die Scharfe Sussi, Jungfern Schreck, das Rasenmäher Massaker und der Machozwerg. 1990 erschien der Deutsche Einheitszwerg: Helmut Kohl mit dem letzten DDR-Ministerpräsident Lothar de Maiziere.

Zu besonderen Ereignissen werden Zwerge neu entworfen.

1993 kam dieser Gartenzwerg unter den Rasenmäher. Das „Rasenmähermassaker" wurde von Jutta Griebel (Zwergen-Kaufhaus) entworfen.

Zur Fußballweltmeisterschaft 2006 schuf die Firma Heissner Fußballzwerge. Die Zwergen-Mannschaften bestehen aus je drei Gartenzwergen in zwei verschiedenen Größen: Der „Torschütze", der „Fallrückzieher" und der „Kicker" präsentieren sich jeweils in den sechs erfolgreichsten und beliebtesten Trikots von Deutschland, Frankreich, Italien, England, Brasilien und Argentinien.

Fußballzwerge der Firma Heissner, 2006

Der Zwerg im Fernsehen

Am 22.11.1959 hatte das Sandmännchen seinen ersten Fernsehauftritt. Die WDR Redakteurin Ariane Hoffmann nahm den Jahrestag zum Anlass und berichtete am 22.11.2005 von der Entstehungsgeschichte des Sandmännchens:

„Es ist ein Resultat des Kalten Krieges zwischen Ost und West, eine hochpolitische Figur – und so sieht es auch aus mit seinem Ulbricht-Bärtchen: das Fernseh-Sandmännchen. Der DDR-Chef hatte die absolute Überlegenheit auf allen Gebieten der Kultur gegenüber Westdeutschland gefordert. Als der Sender Freies Berlin ankündigte, am 1. Dezember 1959 ein Sandmännchen auf die West-Bildschirme zu schicken, wachten die DDR-Fernsehmacher auf. Um dem Sendestart des „Klassenfeindes" zuvor zu kommen, wurde in einer regelrechten Nacht-und-Nebel-Aktion „unser Sandmännchen" geschaffen. Am 22. November trat es verschlafen, mit verquollenen Augen vor die DDR-Bürger. Und war am Ende der Sendung so müde, dass es im Stehen an einer Hausecke einschlief. Die Zuschauer reagierten empört und die Sandmann-Macher schnell: sofort erhielt der Wicht große, weit offene Knopfaugen. Und wurde ein Riesen-Erfolg – drüben wie hüben. Locker hängte er die wechselnde West-Konkurrenz ab. Heute – 45 Jahre nach seinem ersten Fernsehauftritt – gibt es nur noch ein Deutschland und ein Sandmännchen!

Er durfte sogar 1978 als kleine Holzfigur an Bord der deutsch-sowjetischen Rakete Sojus 31 mitfliegen."

Ein paar Jahre später – 1963 – traten wieder Zwerge eine Fernsehkarriere an: die Mainzelmännchen. Als das Fernsehen sich entwickelte und ein zweites deutsches Fernsehprogramm installiert wurde, kamen am 2. April 1963 die Mainzelmännchen. Köln hat die Heinzelmännchen und Mainz als Sitz des ZDF die Mainzelmännchen. Die sechs Zwerge: Anton, Bertie, Connie, Det, Edi und Fritzchen wurden von dem Grafiker Wolf Gerlach geschaffen. Zunächst

Garderobe für ein Kinderzimmer mit Mainzelmännchen

als Pausenfüller zwischen den einzelnen Werbesequenzen gedacht, entwickelten sie bald ein reges Eigenleben. Auch als Plastikfiguren oder z.B. als Garderobenharken für das Kinderzimmer waren sie käuflich zu erwerben und sind heute Sammlerstücke geworden.

1990 wurden vom WDR Zwerge für die Spielshow „Geld oder Liebe“ mit Jürgen von der Lippe angefertigt. Die deutsche Erstausstrahlung erfolgte am 28.9.1989 in der ARD. Es wurden bis zum 09.06.2001 90 Folgen gezeigt. Drei weibliche und drei männliche Singles, die alle ein außergewöhnliches Hobby pflegten, sollten anhand von lustigen Spielen zeigen, welche Dame zu welchem Herrn am besten passt. Am Schluss konnten die Zuschauer per Telefon ihr Traumpaar wählen. Für die Kandidaten im Studio gab es zum Schluss: Geld oder Liebe.

Im Rahmen dieser Show wurden acht Moderatoren als Gartenzwerge aus Gips hergestellt: Karl Dall, Rudi Carell, Harald Juhnke, Harald Schmidt, Alfred Biolek, Thomas Gottschalk, Wim Thoelke und als einzige Frau: Hella von Sinnen. Diese Unikate wurden bei einer Auktion aus dem Fundus des WDR entlassen. Drei von ihnen, Harald Juhnke, Harald Schmidt und Rudi Carell fanden eine neue Heimat beim Gartenzwergfreund Thomas Brinkmann in Essen-Kettwig.

Der Gartenzwerg als Maßanfertigung

Andreas Klein , von 100% Zwergen-POWER hatte 1990 die Idee, Gartenzwerge nach Wunsch zu gestalten. Zwerge von anderen Herstellern wurden mit neuen Accessoires wie z. B. Strass-Steinen, Stoffen und Bändern versehen. Eine neue individuelle Farbgestaltung verwandelte die Zwerge. Vor Ort, im Taunus, werden alle Arbeiten durchgeführt, sowohl die Holz- als auch die Metallbearbeitung. Andreas Klein: „Besonders die Herstellung von passenden Accessoires (von Beilen bis zu funktionsfähigen Drehorgeln) zu

Lackierarbeitsplatz in der Firma 100% Zwergen-POWER

den Wunschzwergen ist teilweise eine aufwendige, aber auch schöne Herausforderung."

Die Bemalung von Einzelstücken wird ebenfalls vor Ort mit umweltfreundlichen Acrylfarben vorgenommen. Zwerge, in großer Stückzahl, also Serienmodelle, werden von Heimarbeiter/innen bemalt.

Zwerge nach Maß sind attraktive Werbeträger. Unternehmer schenken „ihre" Zwerge an Kunden und auf Messen weiter.

Das Internet ermöglicht einen weltweiten Zugriff, das ist natürlich auch bei dieser Firma zu spüren: 65% der Wichtel bleiben im deutschsprachigen Europa, 25% nehmen ihren Wohnsitz in anderen europäischen Ländern, 7% wandern in die USA aus und 3% der Zwerge zieht es in die weite Welt, bis in die Arabischen Emirate, Afrika und Südamerika.

Der Gartenzwerg als Provokation

Unglaublich, aber wahr, der Gartenzwerg beschäftigt sogar die Justiz. Manches Urteil hat sogar sein Gutes, zumindest für den Zwerg. So wurde 1988 ein Fall bekannt, der sich um zwei Gartenzwerge dreht, gerade einmal 15 und 25 cm hoch, die zur erheblichen Beeinträchtigung einer Wohnanlage in Hamburg führten. Die Klägerin kämpfte vier Jahre für einen zwergenfreien Garten und tatsächlich hat das Oberlandesgericht Hamburg ihr Anliegen unterstützt, die Zwerge mussten weg. Dieses Ereignis rief Jutta und Günter Griebel aus Rot am See auf den Plan. Erstmals wurden Gartenzwerge mit eindeutiger Protesthaltung kreiert. Nachbars Opfer entstand: ein Zwerg auf dem Boden liegend mit einem Küchenmesser im Rücken. Als dann noch der „Jungfernschreck“, oben und unten ein Zipfel, also ein entblößter Zwerg hinzu kam, nahm die Justiz in einigen Verhandlungen immer wieder den Gartenzwerg zum Anlass von Auseinandersetzung zwischen Nachbarn.

Gartenzwerge, die eindeutig ehrverletzend handeln, sei es dass sie mit dem „Stinkefinger“ zum Nachbarn weisen, müssen entfernt werden. Das Amtsgericht Grünstadt hat unter der Aktenzeichen Az.: 2a C 334/93 ein solches Urteil gefällt.

Auch das Amtsgericht in Essen-Borbeck musste in einem Urteil vom 30.12.1999, unter dem Az 19 II 35/99 WEG, Stellung nehmen, als ein Zwerg seinen Mantel in eindeutiger Pose öffnete.

Susanne Tölke, vom Bayerischen Rundfunk berichtete im Oktober 1999 von diesem Fall:

Vier friedliche, traditionelle Zwerge standen nichts ahnend in einem Garten, als die Nachbarn ihre Beseitigung forderten. Allerdings fanden die Zwerge Unterstützung beim Amtsgericht Recklinghausen:

„Die vorhandenen vier Zwerge, so das Gericht, stellten keine Beeinträchtigung der gemeinschaftlichen

Katalogseite des Zwergen-Kaufhauses in Rot am See 1990er Jahre

Wohnanlage dar. Großer Jubel beim Verein zum Schutz der Gartenfreunde, indes zeigt das Urteil keinerlei Trendwende an. Das Gericht entschied nur deshalb für den Zwergenbesitzer, weil dieser als Parterrebewohner über ein Sondernutzungsrecht des Gartens verfügt. Die Mitbewohner sind also vom Mitgebrauch ausgeschlossen und können daher keine Gestaltungsrechte beanspruchen."

Der Zwerg als Kitsch-Objekt

„Käme jemand auf die kitschige Idee, dem Kitsch ein Denkmal zu errichten – es müsste unbedingt ein Gartenzwerg sein! Denn er, dieser seit Generationen beliebte Bursche mit der roten Zipfelmütze, der, behaglich schmunzelnd, sein Pfeifchen raucht, eine Schubkarre schiebt, mit einem Lämplein in die Gegend leuchtet oder sonst allerlei Possierliches tut, er ist ja sozusagen das klassische Kitschsymbol – wer an Kitsch denkt, denkt zuerst an Gartenzwerge, und wer Gartenzwerge sieht, denkt allsogleich an Kitsch! Dabei gilt es heute schon wieder beinahe als Zeichen eines überlegenen Geschmacks, als Zeichen, dass man gegen Kitsch gefeit ist, wenn man sich höchst heroisch gibt und Gartenzwerge über Villenrasen verstreut! Irgendein gescheiter Mann hat einmal gesagt, der Gartenzwerg sei so kitschig, dass er schon fast kein Kitsch mehr sei. Dieses Zitat ist von Gert Richter, der 1985 ein „Kitsch-Lexikon von A bis Z" zusammentrug.

Warum wird der Gartenzwerg zum Kitsch? Es liegt vermutlich daran, dass die wunderbar geformten Zwerge der Anfangszeit von der Herstellung sehr arbeitsaufwendig waren und mit steigernder Nachfrage vereinfacht wurden. Auch mit der Produktion von Kunststoffzwergen ab 1960 setzte ein wahrer Produktionsboom ein. Die Formen wurden einfacher gestaltet und damit der Arbeitsaufwand verringert. Die Zwerge verloren dabei zunehmend an Charme. In dem Film „Mein Mann, das Wirtschaftswunder" von 1960 mit Marika Rökk, Cornelia Froboess und Heinz Erhardt werden die Gartenzwerge als überholte und spießige Gesellen dargestellt. Der Drehbuchautor, Dieter Hildebrandt, hatte als Kabarettist ein sicheres Gespür für die gesellschaftliche Veränderung Deutschlands im wirtschaftlichen Aufschwung. Der Gartenzwerg passt hier nicht mehr hinein. Obwohl die Verkaufszahlen eine andere Sprache sprechen. Nach dem Krieg, in den 1950/60er Jahren wurden weit über 20 Millionen Gartenzwerge produziert und verkauft. Danach stagniert allerdings die Produktion. Der Markt wird von Gartenzwergen mit einer völlig anderen Physiognomie, die des Zeichners Walt Disneys, übersät. Die vereinfachte Ausformung der in Asien hergestellten Zwerge lässt ihn zum „Kitsch" verkommen.

Erst seit sich die Designer-Zwerge auf dem Markt tummeln, ist der Zwerg wieder salonfähig geworden. Und schon droht ihm neues Ungemach. Hemmungslose Raubkopien, besonders aus dem östlichen Europa, machen es den Zwergenherstellern in Deutschland schwer.

ZWERGENKUNDE VON A BIS Z

Der Gartenzwerg als Angler

Hersteller
Etruria

Datierung
um 1920

Material
Keramik

Der Gartenzwerg war als Angler bereits erfolgreich. Er hält einen Fisch in der Hand.

Der Gartenzwerg als Angler

Hersteller
Balzer & Bock

Datierung
1920er Jahre

Material
Keramik

Die Firma Balzer & Bock (1929–1985) war in Gräfenroda in der Waldstr. 76 ansässig. Die Angelrute des Gartenzwerges ist aus Holz.

Der Gartenzwerg als Angler

Hersteller
Griebel

Datierung
1950er Jahre

Material
Keramik

In der Gartenzwergmanufaktur in Gräfenroda wird „Alfred der Angler“ weiterhin angeboten. Der 31 cm große Gartenzwerg wird nach einem alten Modell hergestellt.

Der Gartenzwerg als Angler

Hersteller
Puma – Keramik, Westerwald

Datierung
1950er Jahre

Material
Keramik

Die Firma Puma-Keramik und auch die Firma Puma-Plastik waren im Westerwald beheimatet.

Der Gartenzwerg als Angler

Hersteller
Griebel

Datierung
1950er Jahre

Material
Keramik

Bemerkenswert ist die geschwungene Zipfelmütze.

Der Gartenzwerg als Angler

Hersteller
Romeiß, Gräfenroda, Thüringen

Datierung
1950er Jahre

Material
Keramik

Der Angler hält eine Bambusrute in den Händen.
Der Gartenzwerg hat im Laufe der Zeit einige Schäden davongetragen.

Der Gartenzwerg als Angler

Hersteller
Heissner, Lauterbach, Hessen

Datierung
1960er Jahre

Material
Keramik

Der Angler hat es sich auf einem Baumstamm gemütlich gemacht und die Hosenbeine aufgekrempelt.

Der Gartenzwerg als Ausstellungs-begleiter

Hersteller
Griebel, Rot am See

Datierung
1993

Material
Keramik

Anlässlich der Sonderausstellung „Die Zwerge kommen" wurde im Schloss Trautenfels am Steiermärkischen Landesmuseum Joanneum in Österreich der Gartenzwerg von Jutta Griebel (Zwergen-Kaufhaus) in limitierter Auflage kreiert.

Der Gartenzwerg als Badezwerg

Hersteller
Hertwig, Dörnfeld, Thüringen

Datierung
1992

Material
Keramik

In der Gartenzwergmanufaktur in Gräfenroda wird „Rudolf" weiterhin angeboten. Rudolf ist 30 cm groß. Er gehört zu den Zwergen, die im modernen Design daherkommen und leicht die Gemüter von Nachbarn erregt.

Der Gartenzwerg als Badezwerg

Hersteller
Heissner

Datierung
aktuell

Material
PVC

Der 29 cm hohe Nichtschwimmer hat einen Schwimmreif umgelegt. Der Gartenzwerg ist aus bruchsicherem Kunststoff und wurde handbemalt.

Der Gartenzwerg als Bergmann

Hersteller
Griebel, Rot am See

Datierung
1996

Material
Keramik

Der Bergmannszwerg heißt „Ewald Zappenduster“ und wurde von Jutta Griebel (ZwergenKaufhaus – Rot am See) als Sondermodell der Serie „Zwerge typisch deutsch“ entworfen. Der Gartenzwerg war Maskottchen auf der Landesgartenschau in Lünen, Nordrhein-Westfalen. Bemerkenswert ist der grüne Daumen des Bergmannes.
Der Gartenzwerg ist 29 cm groß, wurde handbemalt und in limitierter Auflage nur 180-mal hergestellt.

Zwergentyp: Der Gartenzwerg als Bergmann

Der Gartenzwerg als Botaniker

Hersteller
Hertwig, Dörnfeld, Thüringen

Datierung
1920er Jahre

Material
Keramik

Der Gartenzwerg mit Botanisiertrommel und Regenschirm ist 25 cm groß. Der Gartenzwerg wurde nach altem Modell von 1920 1990 neu ausgeformt.

Der Gartenzwerg als Feuerwehrmann

Hersteller
Griebel, Gräfenroda, Thüringen

Datierung
aktuell

Material
Keramik

Es handelt sich hier um „Bruno", den Feuerwehrzwerg mit blauer Uniform. Der Gartenzwerg ist 33 cm groß. Griebel bietet noch einen Feuerwehrzwerg an, „Anton" mit orangener Uniform. Dieser Gartenzwerg ist ebenfalls 33 cm groß.

Der Gartenzwerg als Frau

Hersteller
Heissner, Lauterbach, Hessen

Datierung
1962

Material
Keramik

Die Idee zur Gestaltung einer Gartenzwergin geht auf die BILD-Zeitung zurück. Innerhalb der eingeschworenen Zwergengemeinschaft wird eine Frau als Gartenzwerg nicht so gerne gesehen. Die Gartenzwergin ist 29 cm groß.

Der Gartenzwerg als Frau

Hersteller
Hertwig, Dörnfeld, Thüringen

Datierung
1992

Material
Keramik

Die leicht bekleidete „Susi im Dessous" wird in der Gartenzwergmanufaktur in Gräfenroda angeboten. Susi ist 30 cm groß.

Der Gartenzwerg als Frau

Hersteller
Griebel, Gräfenroda, Thüringen

Datierung
2004

Material
Keramik

Die Gartenzwergin heißt „Gräfin Roda". Dieses Modell sorgte bei der „Internationalen Vereinigung zum Schutz des Gartenzwerges" in Basel für Unmut. Reinhard Griebel musste 75 Euro Strafe zahlen, da eine Zwergin nicht in das Konzept des selbsternannten Professors für Nanologie, Fritz Friedmann, passt.

Der Gartenzwerg als Förster

Hersteller
Heissner, Gräfenroda, Thüringen

Datierung
um 1920

Material
Keramik

Dem Gartenzwerg wurde ein Hund zur Seite gestellt, der ebenfalls von Heissner hergestellt wurde.

Der Gartenzwerg als Förster

Hersteller
Romeiß, Gräfenroda, Thüringen

Datierung
um 1950

Material
Keramik

Bemerkenswert ist hier die Ausstattung des Försters: Jagdgewehr, Jagdtasche, Stock und Pfeife.

Der Gartenzwerg als Froschdoktor

Hersteller
Heissner, Gräfenroda, Thüringen

Datierung
1920er Jahre

Material
Keramik

Dieser Gartenzwerg ist nach einer Vorlage von dem Berliner Künstler Dr. Paul Lothar Müller gestaltet. Bemerkenswert ist die rote Mütze, die nicht, wie sonst üblich, als Zipfelmütze geformt ist.

Der Gartenzwerg als Froschdoktor

Hersteller
asiatische Produktion

Datierung
aktuell

Material
Ton

Dieser Gartenzwerg erinnert stark an das Modell von Heissner „Der Froschdoktor". Seine qualitativ schlechte Verarbeitung lässt ihn jedoch nicht lange überleben.

Der Gartenzwerg als Fussballer

Hersteller
Repuli, Lichte, Thüringen

Datierung
1990er Jahre

Material
PVC

Der Gärtnerzwerg betätigt sich nach der Arbeit als Fußballer auf seinem eigenen Rasen.

Der Gartenzwerg als Gärtner

Hersteller

Etruria

Datierung

1890

Material

Keramik

Die Kunstgewerbliche Anstalt „Etruria" bei Neuwedell im Regierungsbezirk Frankfurt a. d. Oder (heute Polen) wurde 1866 gegründet.

Der Gartenzwerg als Gärtner

Hersteller
Bernhard Strobel & Co., Gräfenroda, Thüringen

Datierung
1915

Material
Keramik

Das Modell „Max der Wasserträger" wurde 1915 angefertigt. Zwischen 1900 und 1935 wurde der Gartenzwerg von B. Strobel nachgeformt.
Die Terrakottafabrik Bernh. Strobel & Co. wurde 1901 gegründet.

Der Gartenzwerg als Gärtner

Hersteller
Eckardt & Nagel, Gräfenroda, Thüringen

Datierung
1920er Jahre

Material
Keramik

Die Firma Eckardt & Nagel produzierte ab 1890 bei der Hamsterburg, später (bis 1914) in der Friedrichstraße in Gräfenroda.

Der Gartenzwerg als Gärtner

Hersteller
Eckardt und Mentz, Gräfenroda, Thüringen

Datierung
um 1920

Material
Keramik

Die Firma Eckardt und Mentz produzierte ab 1864 in Gräfenroda, in der Waldstr. 12. 1927 bis 1945 wurde die Firma von der Familie Gebser geführt. 1947 gelangten die Modelle von Hermann Eckardt an die Firma Philipp Griebel und werden teilweise heute noch genutzt.

Der Gartenzwerg als Gärtner

Hersteller

Firma Keiner, Heidersbach, Thüringen

Datierung

um 1920

Material

Keramik

Besonders interessant ist an diesem Zwerg, dass ihm ein Baumstamm zur Dekoration beigegeben ist. Die Firma Keiner wurde 1892 gegründet. Von 1930 bis 1945 war sie in Arnstadt ansässig. Nach dem Zweiten Weltkrieg wurde sie nicht wieder aufgebaut.

Der Gartenzwerg als Gärtner

Hersteller

Eckard & Mentz, Gräfenroda, Thüringen

Datierung

1920

Material

Keramik

Die Terrakotta- und Tonwarenfabrik Eckardt & Menz wurde 1864 in Gräfenroda gegründet.
Reinhard Griebel hat den Gartenzwerg neu ausgeformt.

Der Gartenzwerg als Gärtner

Hersteller
Balzer & Bock

Datierung
1920er Jahre

Material
Keramik

Die Firma Balzer & Bock (1929–1985) war in Gräfenroda in der Waldstr. 76 ansässig.
Reinhard Griebel hat den Gartenzwerg neu ausgeformt.

Der Gartenzwerg als Gärtner

Hersteller
Heissner, Gräfenroda, Thüringen

Datierung
1930er Jahre

Material
Keramik

Die Eimer sind dem Gartenzwerg offensichtlich später in die Hände gegeben worden. Dieser Gartenzwerg zeigt sich seit 1997 im Museumsdorf Hösseringen bei Uelzen in der Lüneburger Heide in einer Ausstellung.

Der Gartenzwerg als Gärtner

Hersteller
Heissner, Gräfenroda, Thüringen

Datierung
1930er Jahre

Material
Keramik

Nach dem Modell wurden bis in die 1990er Jahre Gartenzwerge hergestellt.

Der Gartenzwerg als Gärtner

Hersteller
Griebel

Datierung
1950er Jahre

Material
Keramik

In der Gartenzwergmanufaktur in Gräfenroda wird „Anton mit der Gießkanne" weiterhin angeboten. Der 33 cm große Gartenzwerg wird nach einem alten Modell hergestellt.

Der Gartenzwerg als Gärtner

Hersteller
Griebel

Datierung
um 1950

Material
Keramik

In der Gartenzwergmanufaktur in Gräfenroda wird „Karl, der Fleißige mit Spaten“ weiterhin angeboten. Der 48 cm große Gartenzwerg wird nach einem alten Modell hergestellt.

Der Gartenzwerg als Gärtner

Hersteller
Griebel

Datierung
um 1950

Material
Keramik

In der Gartenzwergmanufaktur in Gräfenroda wird „Karl, der Fleißige mit Gießkanne" weiterhin angeboten. Der 48 cm große Gartenzwerg wird nach einem alten Modell hergestellt.

Der Gartenzwerg als Gärtner

Hersteller
Griebel

Datierung
um 1950

Material
Keramik

In der Gartenzwergmanufaktur in Gräfenroda wird „Oskar mit der Holzschubkarre“ weiterhin angeboten. Der 48 cm große Gartenzwerg wird nach einem alten Modell hergestellt.

Der Gartenzwerg als Gärtner

Hersteller
Griebel

Datierung
um 1950

Material
Keramik

In der Gartenzwergmanufaktur in Gräfenroda wird „Anton mit der Sense" weiterhin angeboten. Der 33 cm große Gartenzwerg wird nach einem alten Modell hergestellt.

Der Gartenzwerg als Gärtner

Hersteller
Griebel

Datierung
1950er Jahre

Material
Keramik

In der Gartenzwergmanufaktur in Gräfenroda wird „Klaus mit zwei Blumentöpfen" weiterhin angeboten. Der 46 cm große Gartenzwerg wird nach einem alten Modell hergestellt.

Der Gartenzwerg als Gärtner

Hersteller
Griebel

Datierung
1950er Jahre

Material
Keramik

„Erich mit Spaten und Schnecke“ ist in der Gartenzwergmanufaktur in Gräfenroda noch erhältlich. Der 25 cm große Gartenzwerg wird nach einem alten Modell hergestellt.

Der Gartenzwerg als Gärtner

Hersteller
VEB Keramik, Geschwenda, Thüringen

Datierung
1950er Jahre

Material
Keramik

Geschwenda ist ein Nachbarort von Gräfenroda.

Der Gartenzwerg als Gärtner

Hersteller
Romeiß, Gräfenroda, Thüringen

Datierung
1950er Jahre

Material
Keramik

Die Firma Romeiß wurde 1922 von Hermann Romeiß in Gräfenroda, in der Bahnhofstr. 82, gegründet.
Nach Feierabend verlässt der Gärtner seinen Garten mit dem Schirm in der Hand.

Der Gartenzwerg als Gärtner

Hersteller
Heissner, Lauterbach, Hessen

Datierung
1950er Jahre

Material
Keramik

Die Firma Heissner musste in Lauterbach neue Modelle formen, da sie ihre bisherigen Formen in Thüringen lassen mussten, als sie nach dem II.Weltkrieg ihre Produktion in Hessen aufnahmen.

Der Gartenzwerg als Gärtner

Hersteller
Kurt Renno, Ransbach im Westerwald

Datierung
1950er Jahre

Material
Keramik

Dieser Gartenzwerg hielt offensichtlich eine Schubkarre in Händen, die ihm aber im Laufe der Zeit abhanden gekommen ist. Der Gartenzwerg ist ca. 30 cm groß.

Der Gartenzwerg als Gärtner

Hersteller

Kurt Renno, Ransbach im Westerwald

Datierung

1950er Jahre

Material

Keramik

Auffallend ist die ungewöhnlich hohe Zipfelmütze.

Der Gartenzwerg als Gärtner

Hersteller
Griebel

Datierung
1960er Jahre

Material
Keramik

Kleiner Pflegetipp von Reinhard Griebel: „Der Gartenzwerg soll kein Wasser von unten in seinen Scherben einsaugen können und ist deshalb entsprechend zu stellen oder auf einen in die Erde eingedrückten Stab so aufzuspießen, dass er etwas über dem Boden hängt und somit nach unten luftig ist."

Der Gartenzwerg als Gärtner

Hersteller

VEB-Terrakotta, Gräfenroda, Thüringen

Datierung

1970er Jahre

Material

Keramik

Die VEB (= Volkseigener Betrieb) Terrakotta, Gräfenroda, DDR, war aus ehemaligen eigenständigen Betrieben hervorgegangen. So wurde 1972 die Firma Griebel verstaatlicht und dem Volkseigenem Betrieb unterstellt.

„Michael mit Spaten" ist in der Gartenzwergmanufaktur in Gräfenroda erhältlich.

Der 32 cm große Gartenzwerg wird nach einem alten Modell hergestellt.

Der Gartenzwerg als Gastgeber

Hersteller
Balzer & Bock, Gräfenroda, Thüringen

Datierung
1920er Jahre

Material
Keramik

Der Gartenzwerg scheint dem Gast Gebäck oder dergleichen anbieten zu wollen. Wahrscheinlich war dieser Gartenzwerg eher im Schaufenster eines Ladens, als im Garten tätig.

Der Gartenzwerg als Geniesser

Hersteller
Maresch, Böhmen

Datierung
um 1890

Material
Keramik

Dieser Gartenzwerg ist einer der ältesten Gartenzwerge, die hergestellt wurden.

Der Gartenzwerg als Geniesser

Hersteller

Bernhard Bloch, Eichwald, Böhmen

Datierung

um 1920

Material

Keramik

Bernhard Bloch hatte ab 1871 eine Terrakottafrirma in Eichwald, Böhmen (heute Tschechien).

Der Gartenzwerg als Geniesser

Hersteller
Eckardt & Mentz, Gräfenroda, Thüringen

Datierung
um 1920

Material
Keramik

Beachtenswert ist hier die besonders ausgeformte Zipfelmütze.

Der Gartenzwerg als Geniesser

Hersteller
Heissner, Gräfenroda, Thüringen

Datierung
um 1920

Material
Keramik

Der Gartenzwerg mit den strahlend blauen Augen genießt ein Bier. Seine Kollegen bevorzugen im Allgemeinen eher ein Glas Wein.

Der Gartenzwerg als Geniesser

Hersteller
Etruria

Datierung
um 1900

Material
Keramik

Der „Kellermeister“ ist wahrscheinlich als Dekorationsstück in einem Laden aufgestellt gewesen.

Zwergentyp: Der Gartenzwerg als Genießer

Der Gartenzwerg als Geniesser

Hersteller
Etruria

Datierung
um 1900

Material
Keramik

Dieser Gartenzwerg ist eine verkleinerte Ausgabe des großen Kellermeisters von Etruria.

DER GARTENZWERG ALS GENIESSER

Hersteller
Balzer & Bock

Datierung
1950er Jahre

Material
Keramik

Der Gartenzwerg als Biertrinker sitzt auf einem Holzfass.

Der Gartenzwerg als Geniesser

Hersteller

Heissner, Lauterbach, Hessen

Datierung

1960er Jahre

Material

Keramik

Der Gartenzwerg hat sich gemütlich auf einem Baumstamm niedergelassen und genießt ein Glas Wein. In der Hand hält er noch die Flasche.

Der Gartenzwerg als Handwerker

Hersteller
Liebermann, Coburg

Datierung
1960er Jahre

Material
PVC

Die Firma Liebermann exportiert ihre Gartenzwerge auch in die USA.

Der Gartenzwerg als Handwerker

Hersteller
100 % Zwergen-POWER, Hünstetten im Taunus, Hessen

Datierung
aktuell

Material
Keramik

Dieser 45 cm große Gartenzwerg ist auch als Gartenzwerg aus Kunststoff erhältlich, dann ist er allerdings nur 33 cm groß. Der Schornsteinfegerzwerg aus Keramik hält eine hölzerne Leiter in Händen.

Der Gartenzwerg als Handwerker

Hersteller

100 % Zwergen-POWER, Hünstetten im Taunus, Hessen

Datierung

aktuell

Material

Keramik

Mittlerweile gibt es eine ganze Bandbreite von handwerklich geschickten Gartenzwergen: Maurer, Maler etc.

Der Gartenzwerg mit der Laterne

Hersteller
Heissner, Lauterbach, Hessen

Datierung
1960er Jahre

Material
Keramik

Das besondere an diesem Gartenzwerg ist, dass er eigentlich nicht für den Garten vorgesehen ist, sondern drinnen als Lampe genutzt werden kann.

Der Gartenzwerg mit der Laterne

Hersteller
Griebel, Gräfenroda, Thüringen

Datierung
1950er Jahre

Material
Keramik

In der Gartenzwergmanufaktur in Gräfenroda wird „Martin mit der Laterne" weiterhin angeboten. Der 46 cm große Gartenzwerg wird nach einem alten Modell hergestellt.

Zwergentyp: Der Gartenzwerg mit der Laterne

Der Gartenzwerg mit der Laterne

Hersteller
Griebel

Datierung
1950er Jahre

Material
Keramik

In der Gartenzwergmanufaktur in Gräfenroda ist „Balduin“ noch erhältlich. Der 25 cm große Gartenzwerg wird nach einem alten Modell hergestellt.

Zwergentyp: Der Gartenzwerg mit der Laterne

Der Gartenzwerg mit der Laterne

Hersteller
Peter Spang, Baumbach im Westerwald

Datierung
um 1960

Material
Keramik

Dieser Gartenzwerg hält eine Laterne in der Hand, die als Lampe eingesetzt werden kann. Bemerkenswert ist das Gebiss des Gartenzwerges, ihm fehlen einige Zähne.

Der Gartenzwerg mit der Laterne

Hersteller

Griebel, Rot am See

Datierung

1990er Jahre

Material

Keramik

Das Modell für diesen Gartenzwerg hat Jutta Griebel entworfen. „Michael mit der Laterne“ ist in der Gartenzwergmanufaktur in Gräfenroda noch erhältlich.

Zwergentyp: Der Gartenzwerg mit der Laterne

Der Gartenzwerg mit der Laterne

Hersteller
asiatische Produktion

Datierung
aktuell

Material
Gips

Diese Gartenzwerge sind nicht besonders haltbar. Nach nur einem Gartenjahr blättert bei ihnen bereits die Farbe ab.

Der Gartenzwerg mit der Laterne

Hersteller
Heissner, Lauterbach, Hessen

Datierung
aktuell

Material
PVC

Dieser Gartenzwerg aus bruchsicherem Kunststoff kann gleich in zwei Kategorien eingeordnet werden: „Der Gartenzwerg mit der Laterne" und „Der Gartenzwerg als Raucher".

Der Gartenzwerg als Leser

Hersteller
Etruria

Datierung
1920er Jahre

Material
Keramik

Der Gartenzwerg hat erstaunlicherweise eine grüne Zipfelmütze auf.

Der Gartenzwerg als Leser

Hersteller
Kurt Renno, Ransbach im Westerwald

Datierung
1950er Jahre

Material
Keramik

Laut Prof. Dr. Prahl von der Universität Kiel gehört der lesende Gartenzwerg zu den Kulturzwergen. Diese Gattung Gartenzwerg wurde erst Ende der 1980er Jahre beliebt. Vorher standen die fleißigen Gartenzwerge eindeutig an erster Stelle.

Der Gartenzwerg als Leser

Hersteller

Kurt Renno, Ransbach im Westerwald

Datierung

1960er Jahre

Material

Keramik

Dieser Gartenzwerg scheint das Lesen erst noch zu üben, denn der Titel seiner Lektüre lautet ABC.

ABC

Der Gartenzwerg als Leser

Hersteller
Heissner, Lauterbach, Hessen

Datierung
aktuell

Material
PVC

Der Bücherwurm ist 70 cm groß.

Der Gartenzwerg als Mainzelmännchen

Auftrageber
ZDF

Design
Wolf Gerlach

Datierung
ab 1963

Material
Kunststoff

Mit Einführung des Zweiten Deutschen Fernsehprogramms traten Det, Anton, Fritzchen, Edi, Berti und Conni auf.

ZDF
WERBEFERNSEHEN

Der Gartenzwerg als Metzger

Hersteller
Gräfenrodaer Firma

Datierung
um 1920

Material
Keramik

Dieser Gartenzwerg war in den 1920/30er Jahren eher in der Schaufenstergestaltung als im Garten anzutreffen.

Der Gartenzwerg als Metzger

Hersteller
Romeiß, Gräfenroda, Thüringen

Datierung
1930er Jahre

Material
Keramik

Der Gartenzwerg wurde neu von Gunnar Freitag, Gräfenroda, ausgeformt.

Der Gartenzwerg als Metzger

Hersteller
Griebel, Rot am See, Württemberg

Datierung
um 1990

Material
Keramik

Das ZwergenKaufhaus (Jutta und Günter Griebel) schuf diesen Gartenzwerg nach einem Modell von 1930.

Der Gartenzwerg als Musiker

Hersteller
Etruria

Datierung
um 1900

Material
Keramik

Dem Flötisten ist seine Flöte im Laufe der Jahre abhanden gekommen. Bemerkenswert ist, dass dieser Gartenzwerg eine blaue, statt der sonst üblichen roten Zipfelmütze trägt.

Der Gartenzwerg als Musiker

Hersteller

Heissner, Gräfenroda, Thüringen

Datierung

1920er Jahre

Material

Keramik

Dieser Gartenzwerg ist nach einer Vorlage von dem Berliner Künstler Dr. Paul Lothar Müller gestaltet. Bemerkenswert ist die rote Mütze, die nicht, wie sonst üblich, als Zipfelmütze geformt ist.

Der Gartenzwerg als Musiker

Hersteller
Heissner, Gräfenroda, Thüringen

Datierung
um 1930

Material
Keramik

Dieser Gartenzwerg gehört zu einer Musikkapelle.

Der Gartenzwerg als Musiker

Hersteller
Romeiß, Gräfenroda, Thüringen

Datierung
1950er Jahre

Material
Keramik

Ein Gartenzwerg mit Ziehharmonika war ein häufig anzutreffender Gartenzwerg in den 1950er Jahren.

Der Gartenzwerg als Musiker

Hersteller
Griebel

Datierung
1950er Jahre

Material
Keramik

„Hansi der Musikus“ ist in der Gartenzwergmanufaktur in Gräfenroda noch erhältlich. Der 24 cm große Gartenzwerg wird nach einem alten Modell hergestellt.

Der Gartenzwerg als Musiker

Hersteller
Griebel

Datierung
1960er Jahre

Material
Keramik

Der Gartenzwerg scheint lauthals mitzusingen.

Der Gartenzwerg als Musiker

Hersteller
Heissner, Lauterbach, Hessen

Datierung
um 1960

Material
Keramik

Dieser Gartenzwerg gehört zu einer sechsköpfigen Musikkapelle

Der Gartenzwerg als Musiker

Hersteller
Heissner, Lauterbach, Hessen

Datierung
um 1960

Material
Keramik

Dieser Gartenzwerg gehört zu einer sechsköpfigen Musikkapelle.

Der Gartenzwerg als Musiker

Hersteller

Heissner, Lauterbach, Hessen

Datierung

um 1980

Material

PVC

Die Firma Heissner erstellte mehrere Musikkapellen. Dieser kleine Flötenspieler ist Mitglied eines dieser Ensembles.

Der Gartenzwerg als Musiker

Hersteller
100% Zwergen-POWER

Datierung
aktuell

Material
Keramik

Die Drehorgel wurde als funktionsfähiges Accessoire hinzugefügt.

Der Dürkheimer Drehorgel-Musikant

Der Gartenzwerg als Opfer

Hersteller
Griebel, Rot am See

Datierung
1980er Jahren

Material
Keramik

Der Gartenzwerg „Nachbars Opfer" gehört zur Serie „Typisch deutsch". Weitere Gartenzwerge dieser Gruppe sind: Thüringer Tarzan, das Schwulenpärchen Detlef & Martin, die Scharfe Sussi, Jungfern Schreck, das Rasenmäher Massaker und der Machozwerg. „Nachbars Opfer" wurde in unterschiedlichen Größen und auch als Schlüsselanhänger angeboten.
Der hier abgebildete Gartenzwerg ist ca. 30 cm und hat ein echtes Küchenmesser im Rücken.

Der Gartenzwerg als Opfer

Hersteller
100 % Zwergen-POWER, Hünstetten im Taunus, Hessen

Datierung
aktuell

Material
PVC

Der Gartenzwerg ist 38 cm groß, der Holzgalgen ca. 60 cm. Das Holz ist mit einem schützenden, wetterfesten Klarlack überzogen. Bei Bedarf kann der Gartenzwerg auch vom Galgen abgenommen und anderweitig aufgehangen werden.

Der Gartenzwerg als Politiker

Hersteller

Joachim Ibert, Hannover, Niedersachsen

Datierung

1987

Material

Keramik

Helmut Kohl. 1987 wurde unter dem Namen „Bonner Rasselbande" eine ganze Reihe von Gartenzwergen als Politiker geschaffen.
Helmut Kohl ist in 16 verschiedenen Variationen als Gartenzwerg modelliert worden. Er ist damit der meistgefragteste Politikerzwerg.

Zwergentyp: Der Gartenzwerg als Politiker

DER GARTENZWERG ALS POLITIKER

Hersteller
Joachim Ibert, Hannover, Niedersachsen

Datierung
1987

Material
Keramik

Johannes Rau. 1987 wurde unter dem Namen „Bonner Rasselbande" eine ganze Reihe von Gartenzwergen als Politiker geschaffen.

DER GARTENZWERG ALS POLITIKER

Hersteller

Joachim Ibert, Hannover, Niedersachsen

Datierung

1987

Material

Keramik

Franz-Josef Strauß. 1987 wurde unter dem Namen „Bonner Raselbande" eine ganze Reihe von Gartenzwergen als Politiker geschaffen.

Der Gartenzwerg als Politiker

Hersteller

Joachim Ibert, Hannover, Niedersachsen

Datierung

1987

Material

Keramik

Hans-Dietrich Genscher. 1987 wurde unter dem Namen „Bonner Rasselbande" eine ganze Reihe von Gartenzwergen als Politiker geschaffen.

Der Gartenzwerg als Politiker

Hersteller

Heissner, Lauterbach, Hessen

Datierung

1990er Jahre

Material

Keramik

Theo Waigel, Hans-Jochen Vogel und Helmut Kohl gehörten ebenfalls zu dieser Politikergruppe. Besonders bemerkenswert ist an Theo Waigel, dass er Franz-Josef Strauß im „Schilde" führt. Diese Figuren sind 54 cm groß.

Der Gartenzwerg als Politiker

Hersteller

Griebel, Rot am See

Datierung

1990

Material

Keramik

Die Vereinigung: Helmuth Kohl und Lothar de Maizière. Design von Jutta Griebel.

Der Gartenzwerg als Politiker

Hersteller

Griebel, Rot am See

Datierung

1998

Material

Keramik

Joschka Fischer. Wenn man die Zipfelmütze abnimmt, kann man den Zwerg auch als Eierbecher nutzen. Der Gartenzwerg ist 14 cm groß.

Der Gartenzwerg als Politiker

Hersteller

Griebel, Rot am See

Datierung

1998

Material

Keramik

Gregor Gysi. Wenn man die Zipfelmütze abnimmt, kann man den Zwerg auch als Eierbecher nutzen. Der Gartenzwerg ist 13 cm groß.

Der Gartenzwerg als Raucher

Hersteller
unbekannter Hersteller aus Thüringen

Datierung
um 1890

Material
Keramik

Der Gartenzwerg macht einen sehr gemütlichen und entspannten Eindruck.

Der Gartenzwerg als Raucher

Hersteller
Maresch, Böhmen

Datierung
um 1900

Material
Keramik

Der Gartenzwerg hat sich gemütlich zum Rauchen angelehnt.

Der Gartenzwerg als Raucher

Hersteller
Bernhard Bloch, Eichwald, Böhmen

Datierung
um 1900

Material
Keramik

Es handelt sich hier um ein Kästchen, das geöffnet werden kann.

Der Gartenzwerg als Raucher

Hersteller

Balzer & Bock, Gräfenroda, Thüringen

Datierung

um 1900

Material

Keramik

Die Firma Balzer & Bock existierte von 1920 bis 1985. Die Firma wurde Ende der 1960er Jahre von der Firma Griebel verwaltet. Ab 1975 gehörten die beiden Firmen Griebel und Balzer & Bock zur VEB Gräfenroda-Keramik. Die Formen von Balzer & Bock werden immer noch genutzt.

Der Gartenzwerg als Raucher

Hersteller
Balzer & Bock

Datierung
um 1900

Material
Keramik

Beachtenswert: Pfeife und Hose sind im gleichen Farbton gehalten.

DER GARTENZWERG ALS RAUCHER

Hersteller
Maresch, Böhmen

Datierung
um 1900

Material
Keramik

In Böhmen (heute Tschechien) gab es zwei große Terrakottafabriken, die Zwerge herstellten. Einmal gab es die Firma Bernhard Bloch in Eichwald und die Firma Johann Maresch, die von 1841 bis 1947 in Aussig produzierte. Der rauchende Gartenzwerg hat sich in einer sehr gemütlichen Pose ausgestreckt.

Der Gartenzwerg als Raucher

Hersteller

Griebel, Gräfenroda, Thüringen

Datierung

1920

Material

Keramik

Der Gartenzwerg entstand 1920 und erhielt den Namen „Wendelin". Er wurde von Reinhard Griebel neu ausgeformt. Der Gartenzwerg hat die Maße 18 x 22 cm.

Der Gartenzwerg als Raucher

Hersteller
unbekannter Hersteller

Datierung
1930er Jahre

Material
Keramik

Diesem Gartenzwerg ist leider kein Hersteller zuzuordnen. Es wird vermutet, dass eine Firma aus Süddeutschland diesen Gartenzwerg hergestellt hat.

Der Gartenzwerg als Raucher

Hersteller
unbekannter Hersteller

Datierung
1930er Jahre

Material
Keramik

Diesem Gartenzwerg ist leider kein Hersteller zuzuordnen. Sachdienliche Hinweise bitte an den Gartenzwergsammler Thomas Brinkmann.

Der Gartenzwerg als Raucher

Hersteller
Udo Körner, Liebenstein bei Gräfenroda, Thüringen

Datierung
1946

Material
Keramik

Ein Gartenzwerg von Udo Körner ist recht selten anzutreffen, scheinbar hat er nicht allzu viele produziert.

Zwergentyp: Der Gartenzwerg als Raucher

Der Gartenzwerg als Raucher

Hersteller

Romeiß, Gräfenroda, Thüringen

Datierung

1950er Jahre

Material

Keramik

Helmut Knabe, ein Nachfahre von Hermann Romeiß, Geraberg, formte den Gartenzwerg nach dem Modell von 1950 nach.

Der Gartenzwerg als Raucher

Hersteller
Michael Krehn, Premstätten bei Graz

Datierung
aktuell

Material
Keramik

Der Zwerg präsentiert sich als Rohling, d.h. er wartet noch auf seine Bemalung.

Der Gartenzwerg als Raucher

Hersteller
VEB Gräfenroda-Keramik

Datierung
1970/80er Jahre

Material
Keramik

In der Gartenzwergmanufaktur in Gräfenroda von Reinhard Griebel wird „Max" weiterhin angeboten. Der 14 cm große Gartenzwerg wird nach einem alten Modell hergestellt.

Der Gartenzwerg als Raucher

Hersteller
Heissner, Lauterbach, Hessen

Datierung
1990er Jahre

Material
Keramik

Der rauchende Gartenzwerg hat sich gemütlich hingelegt. Er ist ca. 25 cm groß.

Der Gartenzwerg als Raucher

Hersteller
100 % Zwergen-POWER, Hünstetten im Taunus, Hessen

Datierung
aktuell

Material
Keramik

Dieser Gartenzwerg raucht im Gegensatz zu seinen Kollegen nicht Pfeife, sondern einen Joint. Er gehört damit zu den Gartenzwergen, die gelegentlich zu nachbarschaftlichem Streit führen.

Der Gartenzwerg als schaukelnder Zwerg

Hersteller
Romeiß, Gräfenroda, Thüringen

Datierung
1920er Jahre

Material
Keramik

Der schaukelnde Gartenzwerg benötigt eine Baum, an dem seine Schaukel befestigt werden kann.

Der Gartenzwerg als schaukelnder Zwerg

Hersteller
Balzer & Bock, Gräfenroda, Thüringen

Datierung
1920er Jahre

Material
Keramik

Diesen Gartenzwerg kann der Besitzer an einen Baum hängen.

Zwergentyp: Der Gartenzwerg als schaukelnder Zwerg

Der Gartenzwerg als Schauspieler

Hersteller
Hertwig, Dörnfeld, Thüringen

Datierung
1992

Material
Keramik

Alf (= Außerirdische Lebensform) ist ein „außerirdischer" Zwerg, der am 28. Oktober 1756 auf Melmac, einem zerstörten Planeten, geboren wurde. Die Serie zu dieser Fernsehfigur wurde in den USA erstmals am 22.09.1986 ausgestrahlt. In Deutschland wurden die über 100 Episoden zwischen 1988 und 1990 ausgestrahlt. Die Firma Hertwig widmete ihm eine eigene Figur.

Der Gartenzwerg als Schauspieler

Hersteller
Griebel, Rot am See, Baden-Württemberg

Datierung
1992

Material
Keramik

Jutta Griebel schuf den Schauspieler Wolfgang Stumph anlässlich des Kinofilms „Go Trabi go, 2“ als Gartenzwerg.
„Go Trabi go“ ist eine Kino-Komödie von 1992, in der die Familie Struutz die Gartenzwergfabrik „Rote Mütze“ erbt.

Der Gartenzwerg als Schiessbudenfigur

Hersteller
unbekannter Hersteller

Datierung
1950er Jahre

Material
Gips

Dieser Gartenzwerg war wahrscheinlich ein Preis an der Schießbude. Er kommt aus Österreich. Sein Zustand ist bedenklich. Ein Besuch in der Malstube wäre ratsam.

Der Gartenzwerg als Showmaster

Design
L. Kirchner, Münster

Datierung
1990

Material
Gips

Rudi Carell, einer von acht Showmasterzwergen, die zur ARD-Sendung „Geld oder Liebe" mit Jürgen von der Lippe angefertigt wurden.
Der Modelleur hat auch das Modell von Theo Waigel gestaltet.
Die Moderatoren-Köpfe hat er, aus Zeitgründen, auf den Unterbau von Politikern aufgesetzt.

Der Gartenzwerg als Showmaster

Design
L. Kirchner, Münster

Datierung
1990

Material
Gips

Harald Juhnke, einer von acht Showmasterzwergen, die zur ARD-Sendung „Geld oder Liebe“ mit Jürgen von der Lippe angefertigt wurden.

Der Gartenzwerg als Showmaster

Design

L. Kirchner, Münster

Datierung

1990

Material

Gips

Harald Schmidt, einer von acht Showmasterzwergen, die zur ARD-Sendung „Geld oder Liebe" mit Jürgen von der Lippe angefertigt wurden.

DER GARTENZWERG ALS WERBEFACHMANN

Hersteller

Heissner, Lauterbach, Hessen

Datierung

1990er Jahre

Material

PVC

Der Gartenzwerg ist hier eindeutig als Werbeträger einer Brauerei unterwegs.

EINE KÖNIGIN UNTER DEN BIEREN
Warsteiner
MARKE
Warsteiner
EINE KÖNIGIN UNTER DEN BIEREN
WARSTEINER

Der Gartenzwerg als Werbegeschenk

Hersteller
Erich Griebel, Rot am See

Datierung
1950er Jahre

Material
Kunststoff

Dieser Zwerg war ursprünglich nur weiß. Seine Farbe bekam er erst in späteren Jahren. Er war ein Werbegeschenk zum Kaffee.

Der Gartenzwerg als Zwergli

Hersteller

Griebel, Rot am See nach einer Idee von Bossard

Datierung

1990er Jahre

Material

Keramik

Hans Bossard: „Ich kam im Hinterland des Kantons Luzern zur Welt, wo sich Fuchs, Zwerglein und Rehlein Gutenacht sagen. Das war vor urdenklicher Zeit, im Jahre 1925. Irgendwann habe ich angefangen Gartenzwerge zu malen. Die haben halt immer die heile Welt um mich herum symbolisiert - frohe Zwergli im gepflegten Gärtli. Sie eignen sich ja schön als Karikatur unserer gemütlichen Gesellschaft, deren Horizont der Gartenzaun ist."

Zwergentyp: Der Gartenzwerg als Zwergli

Adressen

Der Sammler
Thomas Brinkmann
Sommersberg 1
45219 Essen

Das Museum
Zwergenmuseum
Philipp Griebel
Ohrdrufer Straße 1
99330 Gräfenroda

Der Zwergenpark
Zwergen-Park Trusetal
Brotteroder Straße 55
98596 Trusetal

Die Ausstellung
„Kleine vollbringen Großes – Zwerge in Märchen, Werbung und Vorgärten"
Museumsdorf Hösseringen
Am Landtagsplatz
29556 Suderburg-Hösseringen

Zum Nachlesen

Bandini, Ditte und Giovanni: Das Zwergenbuch. München 2004

Bengen, Etta: Die große Welt der Gartenzwerge: ein historischer Rückblick. Mythen, Herkunft, Traditionen. Suderburg 2001

Friedmann, Fritz: Zipfel auf! Alles über Gartenzwerge. Schaffhausen 1994.

Griebel, Jutta u. Günter: Zwerge typisch deutsch. Werbezwerge – Werberiesen. Eine Ausstellung des Deutschen Gartenzwerg-Museums. Berlin 1992.

Paeschke, Carl-Ludwig: Das Große Buch der Gartenzwerge. Frankfurt a. Main 1994.

Überall ist Zwergenland. Sonderausstellung im Thüringer Freilichtmuseum Hohenfelden. Gera 2000. [Hohenfelder Blätter Nr. 35].

Thüringer Thonfiguren-Industrie. In: Illustrirte Welt, Stuttgart 1893, Nr. 4, S. 88–89.